汉镜文化研究

下

图录部分

目 录

下册　图录部分

特1	春秋战国	贲字铭弦纹镜	2
特2	战国	芳华蔓长铭花叶镜	4

子类　西汉　带地纹蟠螭铭文镜 7

图1	西汉初期	修相思铭三龙蟠螭镜	8
图2	西汉初期	修相思铭间隔式三凤蟠螭镜	10
图3	西汉初期	修相思铭缠绕式三凤蟠螭镜	12
图4	西汉初期	修相思铭博局蟠螭镜	14
图5	西汉初期	道路辽远铭三凤螭龙镜	16
图6	西汉初期	与天地相翼铭三凤蟠螭镜	18
图7	西汉早期	大乐未央铭四叶螭龙镜（一）	20
图8	西汉早期	大乐未央铭四叶螭龙镜（二）	22
图9	西汉早期	感思甚铭四螭四凤镜	24
图10	西汉早期	感思悲铭四叶螭龙镜	26
图11	西汉早期	大乐贵富铭四叶蟠螭镜（一）	28
图12	西汉早期	大乐贵富铭四叶蟠螭镜（二）	30
图13	西汉早期	大乐贵富铭博局蟠螭镜（一）	32
图14	西汉早期	大乐贵富铭博局蟠螭镜（二）	34
图15	西汉早期	昭明铭24字三叶三龙镜	36
图16	西汉早期	昭明清白铭72字三叶三龙镜（一）	38
图17	西汉早期	昭明清白铭72字三叶三龙镜（二）	40
图18	西汉早期	昭明清白铭72字三叶三龙镜（三）	42
图19	西汉早期	昭明清白铭78字博局蟠螭镜	44
图20	西汉早中	昭明清白铭48字四叶蟠螭镜	46

丑类　西汉　带地纹蟠虺铭文镜 49

| 图21 | 西汉早期 | 见之日光铭方格蟠虺镜 | 50 |
| 图22 | 西汉早期 | 日光（大明）铭方格蟠虺镜 | 52 |

图23	西汉早期	日光（所言）铭方格蟠虺镜	54
图24	西汉早期	日光（君王）铭方格蟠虺镜	56
图25	西汉早期	常贵铭方格蟠虺镜	58
图26	西汉早期	常贵富铭方格蟠虺镜	60
图27	西汉初期	常与君铭方格蟠虺镜	62
图28	西汉初期	富乐未央铭方格蟠虺镜	64
图29	西汉早期	常乐未央铭蟠虺镜	66
图30	西汉早期	日光铭方格羽状纹镜	68

寅类 西汉 早期综合类铭文镜 71

图31	西汉早期	千金铭三叶三菱镜	72
图32	西汉早期	大乐贵富铭龙纹博局连弧镜	74
图33	西汉早期	长贵富铭圈带叠压花瓣四乳连弧镜	76
图34	西汉早期	长乐未央铭圈带叠压花瓣四乳镜	78
图35	西汉早期	常贵富铭方格四叶镜	80
图36	西汉早期	上东相铭纯文连弧镜	82
图37	西汉早期	西王母铭纯文镜	84
图38	西汉早期	与天相寿铭纯文镜	86
图39	西汉早期	与天相寿铭纯文连弧镜	88
图40	西汉早期	昭美人铭变形花瓣镜	90

卯类 西汉 四乳铭文镜 93

图41	西汉早中	西王母铭四乳镜	94
图42	西汉早中	服者君王铭四乳镜	96
图43	西汉早中	时来何伤铭四乳镜	98
图44	西汉早中	长毋相忘铭简博四乳镜	100
图45	西汉早中	常毋相忘铭简博四乳镜	102
图46	西汉早中	君来何伤铭花叶四乳镜	104
图47	西汉早中	玄金之清铭花叶四乳镜	106
图48	西汉早中	金清阴光铭花叶四乳镜	108
图49	西汉早中	美宜之铭连弧四乳镜	110
图50	西汉早中	与众异铭连弧四乳镜	112

辰类 西汉 花瓣铭文镜 115

| 图51 | 西汉早中 | 此镜甚明铭四乳花瓣镜 | 116 |
| 图52 | 西汉早中 | 鉴物象状铭花瓣镜 | 118 |

图53	西汉早中	心与心铭四乳花瓣镜	120
图54	西汉早中	日光（所言）铭四乳花瓣镜	122
图55	西汉早中	清諟铭多字花瓣镜（一）	124
图56	西汉早中	清諟铭多字花瓣镜（二）	126
图57	西汉早中	与天无极铭多字花瓣镜	128
图58	西汉早期	与天无极铭四乳连弧花瓣镜	130
图59	西汉早期	与天无极铭连弧花瓣镜	132
图60	西汉早期	日光铭连弧草叶花瓣镜	134
图61	西汉早中	镜以此行铭花瓣镜	136
图62	西汉早中	见日之光铭花瓣镜	138
图63	西汉早中	与人无极铭花瓣镜	140
图64	西汉早中	有君子之方铭花瓣镜	142
图65	西汉早中	常富贵铭鸟篆书体花瓣镜	144

巳类　西汉　草叶铭文镜 147

图66	西汉中期	日光（久长）铭草叶镜	148
图67	西汉中期	日光（大昌）铭草叶镜	150
图68	西汉中期	日光（所言）铭简博草叶镜	152
图69	西汉中期	日光（千秋）铭草叶镜	154
图70	西汉中期	日光（美人）铭草叶镜	156
图71	西汉中期	见光日阳铭草叶镜	158
图72	西汉中期	日出之光铭草叶镜	160
图73	西汉中期	日不可曾铭草叶镜	162
图74	西汉中期	巧拙夬兮铭草叶镜	164
图75	西汉中期	天上（君王）铭草叶镜	166
图76	西汉中期	君王美人铭草叶镜	168
图77	西汉中期	长贵富铭草叶镜	170
图78	西汉中期	结心相思铭草叶镜	172
图79	西汉中期	人得之志铭草叶镜	174
图80	西汉中期	身无窓则铭草叶镜	176
图81	西汉中期	瑺锡有齐铭草叶镜	178
图82	西汉中期	日有熹铭草叶镜	180
图83	西汉中期	时来何伤铭草叶镜	182
图84	西汉中期	愿长相思铭草叶镜	184
图85	西汉中期	忘徘徊铭草叶镜	186
图86	西汉中期	与君相驩铭草叶镜	188

图87	西汉中期	道路辽远铭草叶镜	190
图88	西汉中期	秋风起铭草叶镜	192
图89	西汉中期	镜清明铭草叶镜	194
图90	西汉中期	必忠必信铭八龙草叶镜	196
图91	西汉中期	镜以此行铭八龙草叶镜	198
图92	西汉中期	日光（敬毋）铭草叶镜	200
图93	西汉中期	此镜甚明铭草叶镜	202
图94	西汉中期	上高堂铭草叶镜	204
图95	西汉中期	从酒东相铭草叶镜	206
图96	西汉中期	投博（置酒）铭草叶镜（一）	208
图97	西汉中期	投博（置酒）铭草叶镜（二）	210
图98	西汉中期	投薄（从酒）铭博局草叶镜（兽钮）	212
图99	西汉中期	囗博（从酒）铭博局草叶镜	214
图100	西汉中期	悲秋华铭草叶圈带镜	216

午类　西汉　圈带铭文镜 219

图101	西汉中晚	久不相见铭圈带镜	220
图102	西汉中晚	昭明铭圈带镜	222
图103	西汉中晚	清白铭圈带镜	224
图104	西汉中晚	铜华（寿敝金石）铭圈带镜	226
图105	西汉中晚	铜华（与天长久）铭圈带镜	228
图106	西汉中晚	铜华（福嗣未央）铭圈带镜	230
图107	西汉中晚	铜华（游中国）铭圈带镜	232
图108	西汉中晚	铜华（五色尽具）铭圈带镜	234
图109	西汉中晚	皎光铭圈带镜	236
图110	西汉中晚	日有熹铭圈带镜（一）	238
图111	西汉中晚	日有喜铭圈带镜（二）	240
图112	西汉晚期	日有熹禽鸟博局铭文镜	242
图113	西汉中晚	君忘忘铭圈带镜(一)	244
图114	西汉中晚	君忘忘铭圈带镜(二)	246
图115	西汉中晚	君有远行铭圈带镜	248
图116	西汉中晚	浪清华铭圈带镜	250
图117	西汉晚期	内而光四乳四灵铭圈带镜	252
图118	西汉晚期	端正心行如妾在铭圈带镜	254
图119	西汉晚期	铜华八连弧云雷铭圈带镜	256
图120	西汉晚期	利二亲铭圈带镜	258

图121	西汉中晚	谤言众兮有何伤铭重圈镜	260
图122	西汉中晚	日光昭明铭重圈镜（一）	262
图123	西汉中晚	日光昭明铭重圈镜（二）	264
图124	西汉中晚	日光皎光铭重圈镜	266
图125	西汉中晚	昭明皎光铭重圈镜	268
图126	西汉中晚	利二亲铜华铭重圈镜	270
图127	西汉中晚	昭明精白重圈72字铭文镜	272
图128	西汉中晚	清浪精白铭重圈镜	274
图129	西汉中晚	清浪皎光铭重圈镜（一）	276
图130	西汉中晚	清浪皎光铭重圈镜（二）	278
图131	西汉中晚	皎光昭明铭重圈镜	280
图132	西汉中晚	千秋清浪铭重圈镜	282
图133	西汉中晚	浪清华精白铭重圈镜	284
图134	西汉中晚	君行有日君有远行铭重圈镜	286
图135	西汉中晚	居必忠清浪铭重圈镜	288

未类　西汉末新莽　纪年镜 291

图136	公元前15年	永始二年铭四灵博局镜	292
图137	公元6年	居摄元年铭连弧纹镜	294
图138	公元10年	始建国二年铭瑞兽简博镜	296
图139	公元15年	始建国天凤二年铭四灵博局镜	298

申类　西汉末新莽　四灵博局镜 301

图140	西汉末新莽	鎏金中国大宁铭四灵博局镜	302
图141	居摄年间	铸成错刀天下喜铭四灵博局镜	304
图142	居摄年间	秦中作镜居咸阳铭四灵博局镜	306
图143	居摄年间	大泉五十铭瑞兽博局镜	308
图144	居摄新莽	刘氏去王氏持铭瑞兽博局镜	310
图145	新莽	尚方作竟真大巧铭四灵博局镜	312
图146	新莽	尚方御竟大毋伤铭四灵博局镜（一）	314
图147	新莽	尚方御竟大毋伤铭四灵博局镜（二）	316
图148	新莽	尚方御竟真大好铭四灵博局镜	318
图149	新莽	尚方作竟真大好铭四灵博局镜	320
图150	新莽	王氏昭竟四夷服铭四灵博局镜（一）	322
图151	新莽	王氏昭竟四夷服铭四灵博局镜（二）	324
图152	新莽	王氏作竟真大好铭四灵博局镜	326

图153　新莽　新有（刻娄）铭四灵博局镜 328
图154　新莽　新有善铜出南乡铭四灵博局镜 330
图155　新莽　新有善同（铜）出丹阳铭瑞兽博局花边镜 332
图156　新莽　新家作竟真毋伤铭四灵博局镜 334
图157　新莽　新朝治竟子孙息铭四灵博局镜 336
图158　新莽　新兴辟雍建明堂铭四灵博局镜（一） 338
图159　新莽　新兴辟雍建明堂铭四灵博局镜（二） 340
图160　新莽　新兴辟雍（单于）铭四灵博局镜 342
图161　新莽　黄帝治竟四夷服铭四灵博局镜 344
图162　新莽　凤皇翼翼在镜则铭四灵博局镜 346
图163　新莽　作佳镜（刻娄）铭四灵博局镜 348
图164　新莽　上华山凤皇集铭四灵博局镜 350
图165　新莽　上大山见仙人铭四灵博局镜 352
图166　新莽　昭君面目白黑分铭瑞兽博局镜 354
图167　新莽　昭容貌身万全铭四灵博局镜 356
图168　新莽　昭匈胁身万全铭四灵博局镜 358
图169　新莽　新有昭面目铭重圈博局镜 360
图170　新莽东汉　驾非龙乘浮云铭八乳简博镜 362

酉类　东汉三国　铭文镜　纪年镜 365

图171　东汉早期　李言之纪从镜始铭八乳博局镜 366
图172　东汉早期　景公之象铭四乳瑞兽镜 368
图173　东汉中晚　贞夫铭神人青龙画像镜 370
图174　东汉（91）　永元三年铭神人白虎画像镜 372
图175　东汉（105）　元兴元年铭变形四叶兽首镜 374
图176　东汉（156）　永寿二年铭变形四叶兽首镜 376
图177　东汉（160）　延熹三年铭变形四叶兽首镜 378
图178　东汉（164）　延熹七年铭变形四叶兽首镜 380
图179　东汉（167）　永康元年铭环状乳神兽镜 382
图180　东汉（169）　建宁二年铭变形四叶兽首镜 384
图181　东汉（175）　熹平四年铭变形四叶神兽镜 386
图182　东汉（182）　光和五年铭环状乳神兽镜 388
图183　东汉（187）　中平四年铭环状乳兽首镜 390
图184　东汉中晚　吾作铭变形四叶兽首镜（22连弧） 392
图185　东汉中晚　吾作铭变形四叶兽首镜（24连弧） 394
图186　东汉中晚　吾作铭变形四叶兽首镜（32连弧） 396

图187	东汉中晚	张氏元公铭环状乳神兽镜（一）	398
图188	东汉中晚	张氏元公铭环状乳神兽镜（二）	400
图189	东汉中晚	张氏元公铭三段式神兽镜	402
图190	东汉中晚	周仲铭神人车马画像镜	404
图191	东汉（205）	建安十年铭重列式神兽镜	406
图192	东汉三国	神鱼仙人赤松子铭变形四叶对凤镜	408
图193	东汉三国	吾作铭三段式神仙镜	410
图194	东汉三国	仓颉作书铭三段式神仙镜	412
图195	三国吴（252）	太元二年铭对置式神兽镜	414
图196	三国魏（260）	甘露五年铭变形四叶兽首镜	416
图197	三国吴（260）	永安三年铭重列式神兽镜	418
图198	三国吴	公卿宜王铭对凤佛像镜	420
图199	三国吴	"佛"字铭对凤佛像镜	422
图200	三国吴（279）	天纪三年铭对置式神兽镜	424

| 特3 | 西晋（282） | 太康三年铭对置式神兽镜 | 426 |
| 特4 | 北魏（518、519、520） | 神龟铭八乳神兽镜（汉镜遗韵） | 428 |

鸣　谢 431

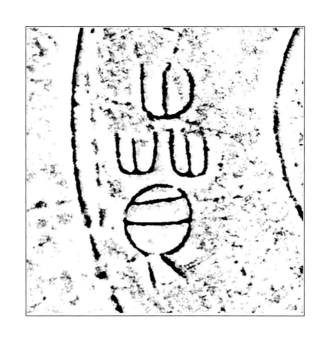

特1　春秋战国　赍字铭弦纹镜

  《四川省出土铜镜》图4曾著録一面成都羊子山出土之弦纹镜（直径13厘米），其问世年代通常定为春秋战国。本镜与之相比，除直径稍小外，纹饰几乎一致，而特别之处是其两周细弦纹间，有一金文（大篆）书体之"赍"字。

  李学勤《清华铭文镜·序言》云："现在新发现多了，确有个别较早的镜子背面有字，但可能是范铸时偶然形成。"此镜的出现，应该就是这种"偶然"之一。先检《说文解字》，再对照"汉虎赍将军印"等汉印，可知此字当可确认为"赍"字。经多方查询，发现同时代的其他两三面单字铭弦纹镜（如《古镜今照》图39），亦可见同样的一个"赍"字。比较可知，"赍"字书形各自有别，显非出于同一工匠之手。

  "赍"字多解。若作"饰"字释，《易·赍》："赍其趾，舍车而徒。"高亨注："'赍其趾'者，谓文其足也。"以单个"赍"字入镜，可否理解是提示用镜者，不要忘记自己的佩饰？若作"奔"字之释，《书·牧誓序》："武王戎车三百辆，虎奔（赍）三百人。"孔颖达疏："虎赍为勇士称也。"《汉书·司马相如传下》："臣闻物有同类而殊能者，故力称乌获，捷言庆忌，勇期赍、育。"颜师古注："孟赍，古之勇士也，水行不避蛟龙，陆行不避豺狼，发怒吐气，声响动天。"以单个"赍"字入镜，似可认为用镜者具有"勇武"之身份。

  此外，赍字亦用作地名或姓氏。前者如《春秋谷梁传》："五年秋七月，叔弓帅师，败莒师于赍泉。"（《公羊传》昭公五年作"濆泉"），后者如《汉书·英布传》有中大夫赍赫；《后汉书·光武纪》有："董宪将赍休以兰陵城降。"据《春秋谷梁传》注："赍泉，鲁地。"而据《广韵》《集韵》，赍并作"符非切，音肥"（按：后仍音奔）。由此，又可推断：这几面汉镜所铸之"赍"字铭文，也有可能是铸镜工匠的姓氏或其产地的记号，具有明显的产品广告性质，可视为现代商品广告意识之端芽。

资料：《汉铭斋藏镜》特1

特1　春秋战国　贲字铭弦纹镜

直径：10.9厘米；重量：99克

铭文：贲。

书体：金文（大篆、籀书）

资料：《汉铭斋藏镜》特1

特2 战国 芳华蔓长铭花叶镜

如同特1镜,此镜8字铭文亦为"偶然形成"。应该承认,西汉以前的铜镜上的确出现过文字,然而,由于不成系列,没有"批量",因此不能成为一个镜种或是镜类。换言之,这只是中国铭文镜的一种初始状态。

2011年1月,中州古籍出版社出版王趁意《中原古镜聚英》,2012年4月,文物出版社出版中国铜镜研究会《古镜今照》,两书皆将此镜铭解读为:"此曰昌方,华蔓长名。"2012年6月,李零教授在清华大学的专题学术研讨会上,将此镜铭读为"芳华蔓长,名此曰昌"。此处"芳华"应释"芳花",即香花之意。《楚辞·九章·思美人》:"芳与泽其杂糅兮,羌芳华自中出。""蔓"字问世很早,《诗·唐风·葛生》:"葛生蒙楚,蔹蔓于野。"依据文献用词(《楚辞》)与出土器型(扬州),此类器物很可能问世于战国时期的楚地。

特2 战国 芳华蔓长铭花叶镜

直径:20.8厘米;重量:651克
铭文:芳华蔓长,名此曰昌。
书体:金文(大篆、籀书)
资料:《古镜今照》图25

子类

西汉 带地纹蟠螭铭文镜

图1　西汉初期　修相思铭三龙蟠螭镜

修相思铭蟠螭镜是中国最早的铭文镜类，铭文内容大同小异。此镜与同类镜相比，有趣地多了一个原应避讳的"长"字，加之其单位面积重量m值仅为0.81克/平方厘米，很可能问世于尚对避讳要求不严的稍早之时。本书列入4面此类镜，存世概况见本书图3说明。

据《淮南子·叙》："以父讳长，故其所著诸长字皆曰修。"李学勤《缀古集》："'修相思'即'长相思'，系避淮南王刘长的名讳……两代淮南王在位时（前196—前122年），当地都会避'长'字讳。"令人注意者，"长相思"之"长"此镜避讳作"修"；而同样带有"长"之"长乐未央"，却仍是其本字。究其未曾避讳的原因，恐与淮南王刘长于文帝六年冬十一月叛逆"谋反"，终被"废迁蜀严道"而半途"死雍"（事见《汉书·文帝纪》），未得善终有关。作为诸侯王而背上"谋反"的罪名，显然不再具有"王"的资格，避其名讳便不再严格，同一镜铭出现"长"字避讳与否的现象或许便可以理解了。

汉承秦制，文字书体与度量衡标准等皆无例外。修相思铭、愁思悲铭等此类镜铭文字所用秦篆（小篆）书体，完全符合历史的发展规律。

图1　西汉初期　修相思铭三龙蟠螭镜

直径：11.3厘米；重量：81克

铭文：修相思，毋相忘，常长乐未央。

书体：秦篆（小篆）

资料：《汉铭斋藏镜》图1

图2 西汉初期 修相思铭间隔式三凤蟠螭镜

《汉书·高帝纪下》载,高祖十一年(前196年),"秋七月,淮南王布反……群臣请立子长为王"。汉文帝即位(前179年)后,刚满20岁的淮南厉王刘长(前198—前174年)"骄横不法,藏匿亡命"。文帝前元六年(前174年),刘长叛乱事发,召至长安,"谪徙严道(今四川荥经),途中绝食而亡"。

避"长"之讳,史料早有记载,北齐颜之推《颜氏家训·风操》:"凡避讳者,皆须得其训以代换之:桓公名白,博有五皓之称;厉王名长,琴有修短之目。"《诗·小雅·六月》:"四牡修广,其大有颙。"毛传:"修,长。"镜铭避讳恰好处在镜铭诞生之初的西汉早期,据上述分析推测,避"长"之讳应在汉文帝即位前后不长的时期内,较大的可能是在汉惠帝末年(前188年,时刘长13岁)至文帝前元六年(前174年,时刘长已亡)的15年间。年龄太小应该是管理不严,叛乱而遭迁,"在道而死",遂无须严格避讳。

图2　西汉初期　修相思铭间隔式三凤蟠螭镜

直径：13.7厘米；重量：232克

铭文：修相思，毋相忘，常乐未央。

书体：秦篆（小篆）

资料：《故宫收藏·铜镜》图15

图3　西汉初期　修相思铭缠绕式三凤蟠螭镜

修相思铭镜是中国存世最早的铭文镜类，这里将其存世概况作大致归纳。详见下表：

序	直径（厘米）	主纹	铭文	资料来源
1	11.3	缠绕式三龙蟠螭	修相思，毋相忘，常长乐未央	本书图1镜
2	/	缠绕式三凤蟠螭	修相思，慎毋相忘，安乐未央	徐州博物馆
3	13.8	缠绕式三凤蟠螭	修相思，毋相忘，常乐未央	本镜
4	/	缠绕式三凤蟠螭	修相思，毋相忘，常乐未央	高本汉《早期中国铜镜》图F42
5	13.7	间隔式三凤蟠螭	修相思，毋相忘，常乐未央	本书图2镜
6	/	间隔式三凤蟠螭	修相思，毋相忘，常乐未央	高本汉《早期中国铜镜》图F8
7	/	四叶蟠螭	修相思，慎毋相忘，大乐未央	《欧米蒐藏支那古铜镜精华》
8	/	四叶蟠螭	修相思，慎毋相忘，大乐未央	高本汉《早期中国铜镜》图F5
9	24.0	博局蟠螭	修相思，慎毋相忘，大乐未央	本书图4镜
10	22.9	博局蟠螭	修相思，慎毋相忘，常乐未央	《六安出土铜镜》图34

由表可知：修相思铭蟠螭镜主纹大致可分成5类（见表）、铭文大致可分成4类（见表），其直径通常为汉尺5寸（11.55厘米）或6寸（13.86厘米），最大为汉尺10寸（23.10厘米）。尽管实物存在误差，然而多在2%的允许范围之内。

另见镜铭："安乐未央，修相思，慎毋相忘。"（参见即将出版之《汉镜铭文图集》）

图3　西汉初期　修相思铭缠绕式三凤蟠螭镜

直径：13.8厘米；重量：186克

铭文：修相思，毋相忘，常乐未央。

书体：秦篆（小篆）

资料：《清华铭文镜》图3

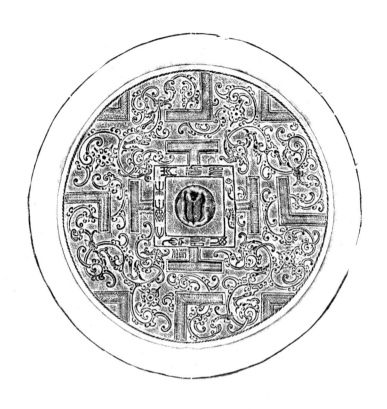

图4　西汉初期　修相思铭博局蟠螭镜

此镜直径汉尺10寸，其出现打破了西汉早期铭文镜规制皆较小（多见汉尺5寸、6寸）的惯例。汉初，天下刚刚太平，社会经济水平低下，偶见大镜或可说明用镜者身份的"高贵"。在铭文"忘"字下侧，有"蒯伯"两字，似应为镜主人定制时所留存。

此镜铭文别具情趣：铸镜人似为"遵纪守法"者，首字与第7字皆替换了必须避讳的"长"字，前句改"长相思"为"修相思"，后句又改"长乐未央"为"大乐未央"，成为这个镜类的罕见镜例。

统计可知，"慎"字在西汉铭文镜中被使用的年代，主要是西汉早期。"慎"字有多种释读，这里应释为"千万"或是"无论如何"。在与"毋""无""勿""莫"等字连用时，表示警诫之意。《史记·高祖本纪》："若汉挑战，慎勿与战，无令得东而已。"西汉镜铭在"毋相忘"前加字呈多样化，除慎毋相忘外，还有长毋相忘、修毋相忘、常毋相忘、愿毋相忘、君毋相忘、幸毋相忘、久毋见忘、敬毋相忘等。文意相同而遣字行文各一，富于变化，就文字发展史观言，这正符合由简入繁之客观规律。

图4　西汉初期　修相思铭博局蟠螭镜

直径：24.0厘米；重量：865克
铭文：修相思，慎毋相忘，大乐未央。
书体：秦篆（小篆）
资料：《汉雅堂藏镜》图54

图5　西汉初期　道路辽远铭三凤螭龙镜

众所周知,《上海博物馆藏青铜镜》图30（直径16.1厘米,重量420克）是一面铭文与之完全相同的草叶纹镜。根据此镜的主纹、地纹及形制判断,这是"修相思"镜类以外的又一个避"长"字讳的经典镜例,同属相思文化范畴,推其铸制年代,应于汉初问世。而上博藏镜主纹之草纹,最早应在汉武帝早期问世。两镜年代相距有半个多世纪,值得进一步探讨。

汉字从圆转的古文字演变至方折的今文字,经历了从秦始皇到汉武帝的百余年时间,其第一步即由秦篆演变至汉篆。此镜方正汉篆的书体表明,汉篆的问世时间很早。换言之,此镜可说是一面最早出现方正汉篆的镜例。镜铭第三句"鉴不隐请"应是"鉴不隐情"之通假。《列子·说符》："发于此而应于外者唯请。"张注："请当作情。"唐陆德明《经典释文》："徐广曰：'古情字或假借作请。'"在战国镜中,可找到连弧数为10、11、12、13、14、15、16、18的各种镜例。到了汉武帝时期,广为流行16连弧纹缘的花瓣镜或草叶镜。在西汉早期出现这样一面20连弧缘的蟠螭纹铭文镜,有待深入研讨。

图5 西汉初期 道路辽远铭三凤螭龙镜

铭文：道路辽远，中有关梁。鉴不隐请（情），修毋相忘。

书体：方正汉篆

资料：高本汉《早期中国铜镜》图F31

图6　西汉初期　与天地相翼铭三凤蟠螭镜

西汉初期是中国铭文镜的创始期，其形制、钮式与主纹等皆延续了战国镜的若干特征。铭文首句每可见"修相思""与天地相翼""感思甚""感思悲"等文字。就主纹而言，则可见三龙蟠螭、三凤蟠螭、四凤蟠螭等，其中又以缠绕式居多，间隔式为少。就书体而言，则多见秦篆，少见汉篆、汉隶。详见下表：

序	铭文首句	书体	钮式	主纹	资料来源
1	修相思	秦篆	瑞兽	缠绕式三龙蟠螭	本书图1
2	道路辽远	汉篆	圆钮	缠绕式三凤蟠龙	本书图5
3	修相思		三弦		本书图3
4	与天地相翼		双龙	缠绕式三凤蟠螭	本图
5	与天地相翼	秦篆	双龙		《汉铭斋藏镜》图3
6	感思甚		鬼脸钱	缠绕式四凤蟠螭	本书图9
7	修相思		三弦	间隔式三凤蟠螭	本书图2
8	与天地相翼	汉隶	双龙	四叶蟠螭	《故宫藏镜》图23

此镜铭文有另一种读法："大乐贵富毋极，与天地相翼。"然在分类上不易与主纹为四叶（另有博局纹）蟠螭的大乐贵富铭文镜相区别。相翼，当为奉戴、恭敬之意。《尚书·皋陶谟》："庶明励翼。"孔颖达疏："各自勉励，翼戴上命。言如鸟之羽翼而奉戴之。"又，《尔雅·释诂》："翼，敬也。"此类镜铭每见"与天相翼"之类的文字，从中正可显现汉人敬畏天地鬼神的思想观念，应是当时社会意识形态的历史记录。

图6 西汉初期 与天地相翼铭三凤蟠螭镜

直径：11.2厘米；重量：130克

铭文：与天地相翼，大乐贵富毋极。

书体：秦篆（小篆）

资料：《汉铭斋藏镜》图2

图7 西汉早期 大乐未央铭四叶螭龙镜（一）

就存世量言，如果将西汉早期铭文镜分为大类或小类的话，那么，修相思铭、愁思悲铭、大乐贵富铭等可属大类；与天地相翼铭、愁思甚铭、大乐未央铭、用镜者铭、长富贵铭等皆可算小类。大类铭文镜的存世量接近两位数（其中大乐贵富铭类有可能超过两位数），而小类铭文镜的存世量仅接近或即限于个位数，个别类甚至仅存世三面以内。

"大乐"即极大的快乐。《二程语录》卷二："孟子言万物皆备于我，须反身而诚，乃为大乐。"此铭与四乳镜铭"常毋相忘，长乐未央"或"长毋相忘，常乐未央"对照，有异曲同工之妙。高本汉《早期中国铜镜》图F5铭文："修相思，愿毋相忘，大乐未央。"此镜与之比较，铭文仅缺首字"修"，餘皆相同。

此镜单位面积重量m值为1.53克/平方厘米，比"修相思""愁思甚""愁思悲"等淮式镜的m值（1.0～1.5）要高些，且其包浆为水银沁而非黑漆古，疑为"北方坑口"。

图7 西汉早期 大乐未央铭四叶螭龙镜（一）

直径：13.3厘米；重量：212克

铭文：相思，愿毋相忘，大乐未央。

书体：秦篆（小篆）

资料：《汉铭斋藏镜》图4

图8 西汉早期 大乐未央铭四叶螭龙镜(二)

查阅资料可知,西汉铭文镜中有"乐未央"内容者,绝大部分皆为"长乐未央"或"常乐未央",而少见"大乐未央"。迄今所知,除本书图7、图8的二面外,徐州博物馆藏有一面,梅原末治《欧米蒐藏支那古铜镜精华》有一面。此镜主纹龙头明显,故称"螭龙",其问世年代当在西汉早期。铭文"大"字很可能亦是在避淮南王刘长之"长"字讳。然此铭第二句又多了一个"长"字,与图1镜基本类同,两者之避讳皆不严格。而根据汉初淮南王刘长因"谋反"而被废迁、中途又绝食而死的史实,大致可推断:图1镜似在避讳之初,此镜疑处避讳之末。

图8 西汉早期 大乐未央铭四叶螭龙镜（二）

直径：13.1厘米；重量：194克

铭文：大乐未央，长相思，慎毋相忘。

书体：秦篆（小篆）

资料：《汉铭斋藏镜》图5

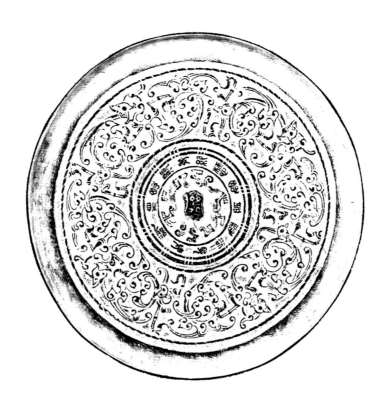

图9　西汉早期　感思甚铭四螭四凤镜

此铭首字当释感。从原拓的放大图可知，上半部左则为"木"、右半部为"尗"，此字即为古字中的"感"字。"感思"意同"悲思"，比较而言，前者似更哀婉、凄恻、深沉。

秦朝为抵御匈奴建造长城，加上修筑宫殿、皇陵等兵役、劳役、差役，致使成千上万个家庭出现了"耶娘妻子走相送"的离别情景。在"修相思""感思悲"等镜铭上，反映了这一特定历史条件下所出现的相思文化。

此镜铭文较为特殊，与《六安出土铜镜》图36（直径11.4厘米，寿县出土）完全相同。此镜钮制如同战国中晚期铸行的铜贝货币（俗称"鬼脸钱"），而《六安出土铜镜》图36为三弦钮。铭文内容参见本书图10说明。

辛冠洁《陈介祺藏镜》图57、《保利2012秋拍》图10085与本镜一起比对，三镜似为同模。

图9　西汉早期　感思甚铭四螭四凤镜

直径：11.6厘米；重量：152克

铭文：感思甚，悲欲见，毋说，相思愿毋绝。

书体：秦篆（小篆）

资料：《清华铭文镜》图4

图10　西汉早期　感思悲铭四叶螭龙镜

此镜种出土较少，迄今所知，仅长沙342号墓、上海福泉山36号墓及浙江省安吉县良朋镇上柏村有出土（直径10.5厘米），在民间或多有传世品收藏。此类镜之直径多在汉尺5寸（11.55厘米）以下，此镜直径则达5.5寸（12.71厘米），比较而言，当属大者。

在西汉早中期，相思文化已成为汉镜文化交响乐的第一乐章。"感思"意为"愁思""忧思"，此用词在楚汉文化中常有所见。宋玉《高唐赋》："贤士失志，愁思无已，叹息垂泪。"《汉书·伍被传》："于是百姓悲痛愁思，欲为乱者十室而六。"司马相如《长门赋·序》："别在长门宫，愁闷悲思。"

图10 西汉早期 感思悲铭四叶螭龙镜

直径:12.8厘米;重量:246克

铭文:感思悲,愿见忠,君不说,相思愿毋绝。

书体:秦篆(小篆)

资料:《汉铭斋藏镜》图7

图11 西汉早期 大乐贵富铭四叶蟠螭镜（一）

经过汉初的大乱，由文帝始，天下太平，人们追求"大乐贵富"，期盼长命百岁（千秋万岁）。此类镜有一定存世量，尺寸不尽相同，湖南长沙子弹库出土之物直径18.3厘米（汉尺8寸），铭文内容相同。11字的大乐贵富铭四叶蟠螭镜与15字的大乐贵富铭博局蟠螭镜，可谓同时代的一对孪生兄弟，在博物馆或收藏家处观赏，总是成对地出现。

汉初螭凤镜与蟠螭镜之秦篆书体，拉开了中国铭文镜的序幕，却又很快被汉篆、篆隶等书体取而代之。《汉字五千年》："在中国文字史上，产生于秦代的小篆，也只能注定是一种继往开来的文字。几乎就是从诞生的那一刻起，小篆就不得不面对被取而代之的命运。"

图11　西汉早期　大乐贵富铭四叶蟠螭镜（一）

直径：18.2厘米；重量：474克

铭文：大乐贵富，千秋万岁，宜酒食。

书体：秦篆（小篆）

资料：《清华铭文镜》图5

图12 西汉早期 大乐贵富铭四叶蟠螭镜（二）

在中国传统文化中，酒文化始终占据着特殊的地位，华夏五千年文明史交响乐的每一个乐章、音节、音符，都飘散着美酒的醇浓香味。两汉镜铭亦毫不逊色地记载着酒文化的历史，其主要内容是"日有憙，宜酒食"。而本书图11、图12、图82、图94、图95、图96、图97、图98、图99、图110、图111、图112等12面铜镜镜铭，皆有酒文化的内容。

"宜酒食"三字在西汉铭文镜中用得比较广泛，以西汉中期草叶铭文镜之"日有憙，宜酒食"为最多；在西汉晚期，还有"日有憙，月有富，乐毋事，宜酒食"之铭圈带镜。《诗·唐风·山有枢》："山有漆，隰有栗，子有酒食，何不日鼓瑟。"既有美酒佳肴，又得钟鼓琴瑟之鸣奏助兴，华夏先人充分享受生活乐趣的态度令人神往；而今日社会一味追求"大乐富贵，千秋万岁"的享乐主义人生态度，于此也可寻窥其历史源头。

图12　西汉早期　大乐贵富铭四叶蟠螭镜（二）

直径：14.3厘米

铭文：大乐贵富，千秋万岁，宜酒食。

书体：秦篆（小篆）

资料：《中国青铜器全集·铜镜》图38

图13　西汉早期　大乐贵富铭博局蟠螭镜（一）

铜镜上的博局纹（亦称六博纹、规矩纹），经历了蟠螭博局（西汉早）、龙纹博局（西汉早中）、草叶博局（西汉中）、四虺博局（西汉中晚）、禽兽博局与四灵博局（西汉晚、新莽、东汉早）、几何博局与变形博局（东汉早中）等演进变化，前后共持续了两个半世纪。

对博局的释读与理解，历来众说纷纭，有占星盘（天文学之东南西北四方）说、礼制建筑（明堂、辟雍）说、六博盘（其博戏规则至今未解）说等。傅举有《论秦汉时期的博具、博戏兼及博局纹镜》（《考古学报》1986年第1期）、《博局与汉代博局纹镜》（本书上册综合篇），皆有较为详尽论述，在此不复赘述。

无论尺寸大小，标准形制的15字博局蟠螭铭文镜，迄今只见此一个品种。不同字数者另见三例。其一，高本汉《早期中国铜镜》图19，是一面昭明清白的铭重圈镜，内圈28字，外圈50字，共计78字，为西汉早期铭文镜文字数量之最；其二，《六安出土铜镜》图34，这是一面11字的修相思铭博局蟠螭镜，直径22.9厘米；其三，本书图4镜。

图13 西汉早期 大乐贵富铭博局蟠螭镜（一）

直径：19.0厘米；重量：430克

铭文：大乐贵富得所好，千秋万岁，延年益寿。

书体：秦篆（小篆）

资料：《上海博物馆藏铜镜精品》图31

图14 西汉早期 大乐贵富铭博局蟠螭镜（二）

对有TLV纹饰的铜镜历来称谓不一，或称规矩镜（海外有称TLV镜）、或称六博局镜、或称博局镜。因新莽时期的此类铜镜有铭文"刻娄博局去不羊"内容（见《清华铭文镜》图55、图56），故命名"博局"引证有据，称谓"博局"亦言之有理，学术界对此已取得了一定的共识，详见周铮《"规矩镜"应改成"博局镜"》（《考古》1987年第12期）。

在1953年发掘的湖南长沙月亮山1号汉墓与1968年发掘的河北满城中山国靖王刘胜之妻窦绾墓中，此类铜镜皆有出土。其直径在汉尺10寸（23.1厘米）和5寸（11.5厘米）之间不等。其单位面积重量（m值）多在1.5克/平方厘米上下，应该说比较轻薄。即如此镜，其m值为1.55克/平方厘米，《上海博物馆藏铜镜精品》图31之m值为1.51克/平方厘米，而本书图10镜之m值仅为1.42克/平方厘米。

村上英二《开明堂英华》图19是同类镜（直径16.3厘米），其镜钮呈龙头形状，钮座作龙身环绕。

图14 西汉早期 大乐贵富铭博局蟠螭镜（二）

直径：15.4厘米；重量：289克

铭文：大乐贵富得所好，千秋万岁，延年益寿。

书体：秦篆（小篆）

资料：《汉铭斋藏镜》图9

图15　西汉早期　昭明铭24字三叶三龙镜

迄今所知，此镜在国内系孤品。此铭末字并非寻常所见之"泄"字，而是汉武帝刘彻之"彻"字。显而易见，这是一面在避讳武帝大名之前（应在汉景帝时期）出现的器物。

2011年4月13日《中国文物报》载，《铭文铸民意　明镜鉴直臣——西汉昭明镜铭文释考》一文，对昭明镜铭文释读如下："品质高尚赤胆忠心清白坦荡，忠贞不贰形象崇高日月同光。耿直尽忠祸福倚伏深微难言，君臣不和沟通阻塞横遭祸殃。"另见本书上册证史篇《西汉昭明镜铭文释考与研讨》。

此文有言："汉代铜镜铭文属于一种民间通俗文学，文字乃各地镜师创作，为大众所共同传播和拥有，因此带着强烈的民意。邓公（汉景帝时的仆射邓公）的话可以说是当时民意的体现，反映了人民对晁错的景仰和怀念。一些镜师推出昭明镜，把这种感情记录在铭文中，当在情理之中。其时，官方未曾公开平反晁错冤案，民间自然不便明言。于是，便有了这段微言大义的昭明镜铭。"

图15　西汉早期　昭明铭24字三叶三龙镜

直径：16.5厘米
铭文：内请质以昭明，光辉象夫日月。心忽穆而愿忠，然壅塞而不徹。
书体：汉篆
资料：中国国家博物馆

图16　西汉早期　昭明清白铭72字三叶三龙镜（一）

　　1995年，李学勤、艾兰《欧洲所藏中国青铜器遗珠》图199，最早提出了汉镜铭文中"彻"避讳"泄"的问题。汉武帝刘彻即位于建元元年（前140年），此后，社会与百姓必须避"彻"字讳，所有的昭明镜铭末句便都成了"然雍塞而不泄"。此镜因问世于汉武帝刘彻即位之前，故内圈末字仍为"彻"，系昭明镜末字为"泄"的原始器物。此镜残片恰好"彻"字不在其内，甚为遗憾。迄今所知，昭明镜全文完整读法详见本书图102，清白镜全文完整读法详见本书图103。

　　目前，除此残片外，见于著作的此类带"彻"字之镜存世共七面。

　　（1）本书图15，直径16.5厘米，仅内圈四句六言24字昭明铭，末字为"彻"。

　　（2）《长安汉镜》图7-2，直径17.3厘米，内圈四句六言24字昭明铭，末字为"彻"；外圈8句六言48字清白铭，全部铭文72字。

　　（3）高本汉《早期中国铜镜》图F8，全部铭文72字（同《长安汉镜》图7-2）。

　　（4）高本汉《早期中国铜镜》图F19，内圈28字，昭明铭末字仍为"彻"，外圈50字，全部铭文78字。本书上册专题篇《瑞典藏西汉蟠螭纹铭文镜研究》有较为详尽的探讨。

　　（5）《丹阳铜镜青瓷博物馆——千镜堂》图20，直径18厘米，全部铭文72字（同《长安汉镜》图7-2）。

　　（6）《古镜今照》图44，直径18.5厘米，全部铭文72字（同《长安汉镜》图7-2）。

　　（7）《泓盛2012春拍》图900，直径18.6厘米，全部铭文72字（同《长安汉镜》图7-2）。

图16 西汉早期 昭明清白铭72字三叶三龙镜（一）

复原直径：16.2厘米；残重：141克

铭文：内圈原24字，现存12字：内请质以昭明，光辉象……忠，然……

外圈原48字，现存11字：……之窮軆（躬体），外承欢之可说，慕窈……

书体：汉篆

资料：《汉铭斋藏镜》图15

图17　西汉早期　昭明清白铭72字三叶三龙镜（二）

2011年7月6日《中国文物报》载，《珠联璧合　相得益彰——西汉清白镜铭文释考兼说其与昭明镜铭文的关联》。此文对清白镜（外圈）铭文释读如下："忠心耿耿任劳任怨侍文景两代君王，只可惜性格刻深结怨他人命舛遭殃。做人像用玄锡磨拭铜镜才流布恩德，忧虑忠魂远去会忘却社稷安稳危亡。胸前华服不能掩盖忠臣的清廉人品，朝堂之上博取欢心只使人感到忧伤。众人羡慕他的修长身材与灵动身影，期盼百姓都会永远怀念并世代流芳。另见本书上册证史篇。

昭明铭与清白铭同时问世于平定"七王之乱"的汉景帝后期，昭明镜（内圈）铭文末句最初是"然壅塞而不彻"，在汉武帝刘彻即位后，因避"彻"字讳而改成了"然壅塞而不泄"。"彻"字避讳前后的昭明镜（连同清白镜）实物，与"修"字避讳的修相思铭镜一起，证明了一段西汉早期镜铭上的避讳历史。

在西汉早中期之际，带"彻"字的昭明镜与昭明清白重圈镜类可分为24字、72字、78字三种。迄今所知，24字（本书图15）与78字（本书图19）的两镜皆为孤品。

图17　西汉早期　昭明清白铭72字三叶三龙镜（二）

直径：17.3厘米；重量：382克

铭文：内：内请质以昭明，光辉象夫日月。心忽穆而愿忠，然壅塞而不徹。

　　　外：絜精白而事君，愿汙驩之弇明。微玄锡之流泽，恐疏远而日忘。

　　　　　怀靡美之穷皜，外承驩之可说。慕窈窕于灵景，愿永思而毋绝。

书体：汉篆

资料：《长安汉镜》图版6-2、图7-2

图18　西汉早期　昭明清白铭72字三叶三龙镜（三）

此类72字铭文镜，不仅铭文字数最多，而且在西汉镜中的龙纹最大。就其尺寸而言，可分三类：A类，直径16.2厘米（汉尺7寸）；B类，直径17.3厘米（汉尺7.5寸）；C类，直径18.5厘米（汉尺8寸）。详见图16之说明。

在图17、图18等镜中，清白铭之"清"字，皆有通假，内圈常作"请"字，外圈多作"精"字。查《古字通假会典》可知，精与请、精与清、请与清皆可通假。《淮南子·精神》："而立至清之中。"《文子·九守》："清作精。"《礼记·缁衣》："精知略而行之。"郑云注："精或为清。"《集解》："《汉书·袁盎传》清室作请室。"《老子》四十五章："清静为天下正。"《汉帛书·甲本》："清作请。"由此可知，早期清白镜铭文中的"请"或"精"，按今人理解，皆应读作"清"。

图18　西汉早期　昭明清白铭72字三叶三龙镜（三）

直径：18.5厘米；重量：424克

铭文：内圈：内请质以昭明，光辉象夫日月。心忽穆而愿忠，然壅塞而不徹。

外圈：絜精白而事君，愙汍驩之弇明。微玄锡之流泽，恐疏远而日忘。

怀糜美之窮豑，外承驩之可说。慕窈窕于灵景，愿永思而毋绝。

书体：汉篆

资料：《古镜今照》图44

图19 西汉早期 昭明清白铭78字博局蟠螭镜

高本汉《早期中国铜镜》有言："F组在中心圈带刻制铭文司空见惯……这个F组还有TLV图形特点，然而这种图形在所有前汉的A~E组，都没有出现过。"的确，此镜既为奇品又是孤品：

（1）主纹：在四线式博局纹中，此镜铭文方框四角罕见地伸出四叶，而未见于其他的相同镜例。

（2）字数：在一般的昭明清白重圈铭文中，多见残缺而难有文字齐全者，即使齐全，大多内外圈文字亦仅为24+48=72字，但此镜却多达78字，洵为孤品。

（3）避讳：此镜与图16、图17、图18三镜一样，内圈昭明铭末字皆为避讳之前的"徹"字。

（4）文体：规整的昭明镜一般皆四句六言，规整的清白镜皆八句六言。此镜铭文在十二句72字的单数（即1、3、5、7、9、11）句尾，加一"兮"字，成为典型的楚辞文体。

（5）排列：镜铭内圈原应24字，加上两个"兮"字后，又在句末加上了外圈清白铭第五句的头两个字"怀糜"。故其字数成了24+2+2=28字。外圈原应48字，加上了四个"兮"字后，又将第五句的头两个字"怀糜"移入内圈昭明铭之句尾，并使外圈清白铭中缺了这两个字，故其字数成为48+4-2=50字。

（6）书体：与同时代的多数镜相同，仍为秦篆（小篆）。

本书上册第462页对此镜铭文有详尽释考。

图19　西汉早期　昭明清白铭78字博局蟠螭镜

铭文：内圈：内请质以昭明兮，光辉象夫日月。心忽穆而愿忠兮，然壅塞而不徹。怀糜

外圈：絜精白而事君兮，慇泯驩之弇明。微玄锡之流泽兮，恐疏远而日忘。

美之窮體兮，外承驩之可说。慕窈窕之灵景兮，愿永思而毋绝。

书体：汉篆

资料：高本汉《早期中国铜镜》图F19

图20　西汉早中　昭明清白铭48字四叶蟠螭镜

昭明镜是西汉铭文镜的一个大类，在历史的长河中，一路走来多姿多彩。其内容详见本书上册《西汉昭明镜铭文释考与研讨》，在此不复赘述。昭明镜的发展历史可分为以下几个阶段：

1. 汉武帝即位（前140年）其"彻"字避讳前，有三种表现方式：

（1）昭明单圈，齐全者四句六言24字。

（2）昭明清白重圈（内圆外圆），齐全者内圈24字，外圈48字，共计72字。

（3）昭明清白重圈（内方外圆），齐全者内圈28字，外圈50字，共计78字。

2. 汉武帝即位（前140年）其"彻"字避讳后，镜之主纹仍与避讳前相同，并仍保留了蟠螭，其形制、文字都很规范，字数是14+34=48字。《尊古斋古镜集景》图92、《岩窟藏镜》图76、《故宫藏镜》图22、《泉屋博古·镜鉴编》图16和图17等五镜，与此镜相比勘，似为同模。

3. 汉武帝即位后的西汉中晚期，此类镜摆脱了蟠螭纹的"束缚"，走上了一条以文字为主体的道路。各类昭明镜无论是单圈还是重圈，铭文末尾皆为"泄"字。

图20　西汉早中　昭明清白铭48字四叶蟠螭镜

直径：13.9厘米；重量：205克

铭文：内圈：内请质以昭明，光辉象夫日月，心忽

外圈：　　穆而愿忠，然壅塞而不泄。怀糜美之窮軆，
外承欢之可说，慕窈佻之灵景，愿永思而毋绝。

书体：汉篆（缪篆）

资料：《汉铭斋藏镜》图16

丑类

西汉　带地纹蟠螭铭文镜

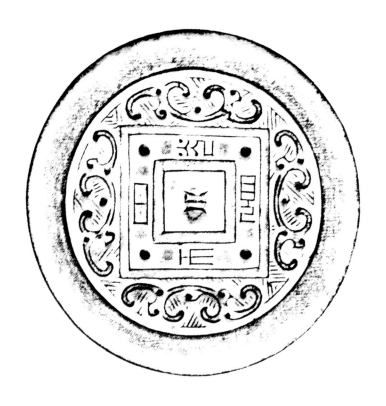

图21 西汉早期 见之日光铭方格蟠螭镜

此类镜铭文所占镜面比例超过以秦篆（小篆）为代表的蟠螭铭文镜，铭文开始成为纹饰主题，清晰可见，容易辨读。可以认为，这是开创了中国铭文镜2000余年历史的正规铭文镜。与《清华铭文镜》图6（直径9.3厘米，重量45克）相比，两镜形制相同，铭文作顺时针向旋读，四乳皆在铭文方框四角，好似一对孪生兄弟。两者间的小差别乃是此镜稍重，文字偏硬（方折）；大差别在于铭文第二第三两字颠倒，原来的"见日之光"变为"见之日光"，成了罕见之"错版"铭文镜。

图21　西汉早期　见之日光铭方格蟠螭镜

直径：9.5厘米；重量：59克

铭文：见之日光。

书体：汉篆

资料：《汉铭斋藏镜》图17

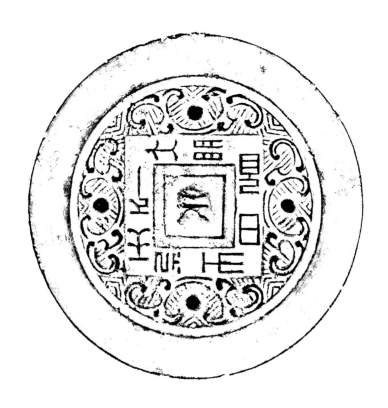

图22　西汉早期　日光（大明）铭方格蟠螭镜

　　日光铭文镜是西汉铭文镜中历史最长、存世最多的一个镜种。在蟠螭镜（图23）、纯文镜（图36）、四乳镜（存世多见）、花瓣镜（图53、图54）、草叶镜（图66、图67、图68）等镜类中皆有出现，尤其是在圈带铭文镜中的出现数量更是名列前茅。据《长安汉镜》一书统计，在1100余座墓葬所出土的334面铜镜中，日光镜有92面，占总数的27.6%。著名的西汉"透花镜"即以日光铭文镜为主。"日光"释读可见图23之说明。各类铭重圈镜之内圈多以日光铭为主文，如日光—昭明、日光—清白、日光—皎光、日光—清浪、日光—君有行等，少有例外。

　　西汉早中期，华夏大地使用最多的圈带镜铭文字即为"见日之光，天下大明"。此镜当是这类铭文的早期器物。其极少的用铜量（单位面积重量仅0.45克/平方厘米），说明文帝时期的社会生活在帝王倡导并身体力行下，形成了崇尚节俭的时代风尚。

　　此类铭文镜之文字已从圆转的古文字小篆演变到方折的今文字雏形之汉篆。相对而言，此镜铭文字更趋方折。汉篆比秦篆（小篆）方便书写，容易认读，这是历史的进步。林素清《两汉镜铭初探》："镜铭虽仍是篆体，却较以往方整，与西汉玺印及铜器铭文相近，这类字体可称为汉篆。"

　　本书上册证史篇《西汉日光镜铭文释考与研讨》有专题研究。

图22　西汉早期　日光（大明）铭方格蟠虺镜

直径：7.3厘米；重量：19克
铭文：见日之光，天下大明。
书体：汉篆（方折）
资料：《清华铭文镜》图8

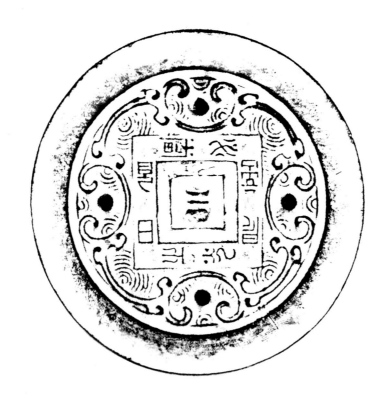

图23　西汉早期　日光（所言）铭方格蟠虺镜

方格蟠虺镜的存世器物不算多，铭文种类也有限，每一种新的铭文镜的出现，经常是孤例。广州汉墓出土12字此类镜铭作"常与君，相驩幸，毋相忘，勿远望"。《鉴耀齐鲁》图版50-1（直径9.5厘米）录有同类镜之8字铭文："日出大阳，天下大明。"同书图版50-2（直径8.6厘米）8字铭文："富乐未央，长毋相忘。"同书图版51-1（直径9.9厘米）又有12字铭文："见日之光，服者君王，幸毋见忘。"此类镜存世有大尺寸者，直径12.1厘米。

"所言必当"即"言而有信"。此铭内容并不少见，除此镜外，本书图54、图61、图68、图91与《汉铭斋藏镜》图59等镜，皆有"所言必当"铭文出现。

图23 西汉早期 日光(所言)铭方格蟠螭镜

直径：8.1厘米；重量：32克

铭文：见日之光，所言必当。

书体：汉篆

资料：《汉铭斋藏镜》图18

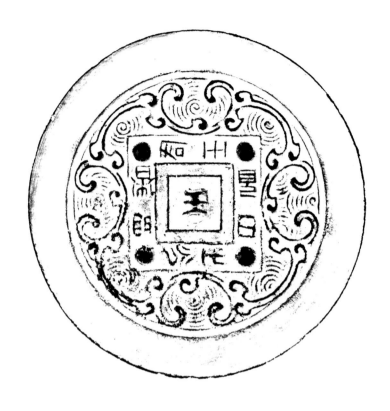

图24 西汉早期 日光（君王）铭方格蟠螭镜

《论语·泰伯》："天下有道则见，无道则隐。""见日之光"喻义明显也十分形象，意谓明君君临天下，有如阳光普照大地，此词几乎贯穿了整个西汉镜铭史。应是百姓厌恶战争（离别）与渴望和平（团圆）的一种表达，或许因为武帝的穷兵黩武、开疆拓土给国家和人民带来沉重的负担和灾难，人们有理由企盼明君，如企望明日临空，光照天下。"日光"铭日后逐渐成为吉祥用语与习惯称谓。西汉镜铭多有"服者君卿""服者君王"之语，"服"即使用（释读参见本书图42），此铭带着明显的广告色彩。

《汉字五千年》："公元前206年，昙花一现的秦王朝被汉王朝取代。新王朝使用汉字的人们，将前人笔下略显粗糙的秦隶，提升出了汉字应有的庄重和气度。"

图24　西汉早期　日光（君王）铭方格蟠螭镜

直径：8.9厘米；重量：50克

铭文：见日之光，服者君王。

书体：汉篆

资料：《清华铭文镜》图7

图25　西汉早期　常贵铭方格蟠螭镜

此镜与《清华铭文镜》图9相比，两镜好似一对孪生兄弟，铭文皆为顺时针向旋读（《中国铜镜图典》图176为逆时针向旋读）。因在个别文字的起落上稍有差别，不能算作同模镜。

统计可知，方格蟠螭镜单位面积重量（m值）平均数为0.72克/平方厘米，竟不及圈带铭文镜（2.96克/平方厘米）或莽式铭文镜（2.97克/平方厘米）的四分之一，当是所有西汉铭文镜中最轻最薄的一个镜种。

图25 西汉早期 常贵铭方格蟠螭镜

直径:8.9厘米;重量:52克
铭文:常贵,乐未央,毋相忘。
书体:汉篆
资料:《汉铭斋藏镜》图20

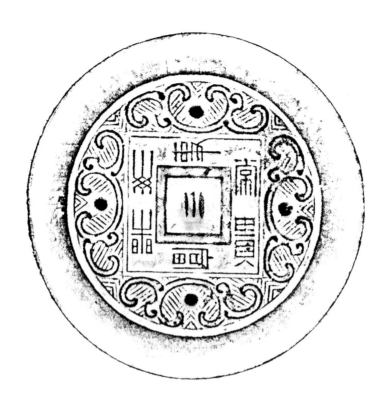

图26　西汉早期　常贵富铭方格蟠虺镜

方格蟠虺镜作为一个镜种，其流行的历史时期虽然短暂，却极具特色：首先，延续了始于战国镜的地纹制式并画上句号；其次，确立了铜镜形制如同古钱一般的天圆地方理念；再次，开创了铭文镜以文字为纹饰主体的先河；最后，跨出了汉字从圆转古文字（秦篆）向方折今文字（汉隶）演变的第一步。依据现存资料可知，方格蟠虺镜铭文多见四字、八字或十二字，此镜与陕西历史博物馆《千秋金鉴》第43页上部之镜似为同模，其六字排列成为一个特例。

镜铭末字"事"不作"事情"，应谓"从事"。《管子·八观》："什一之师，什三毋事，则稼亡三之一。"

图26 西汉早期 常贵富铭方格蟠螭镜

直径:8.8厘米;重量:43克

铭文:常贵富,乐毋事。

书体:汉篆

资料:《汉铭斋藏镜》图19

图27　西汉初期　常与君铭方格蟠螭镜

本书图86为一西汉中期草叶纹铭文镜，其铭文是："与君相驩，长乐无极。"显而易见，镜铭前四字完全取自于本镜。西汉早中期相思文化之延续性，于此可见一斑。

"驩"为"欢"的异体字。"幸"者，宠爱也。汉蔡邕《独断》卷上："妃妾接于寝皆曰御，亲爱者皆曰幸。""远望"即远看，《楚辞·九歌·湘夫人》："荒忽兮远望，观流水兮潺湲。"此镜铭文：但愿彼此永相亲爱，不相弃相忘，而令人悬望。

图27　西汉初期　常与君铭方格蟠螭镜

直径：8.8厘米

铭文：常与君，相謹幸，毋相忘，莫远望。

书体：汉篆

资料：《广州汉墓》图92-1

图28　西汉初期　富乐未央铭方格蟠螭镜

　　本书图77有"贵富"铭资料，此铭在方格蟠螭镜中似为仅见品。"富乐"即富裕而安乐。《史记·张仪列传》："天下疆国无过齐者，大臣父兄殷众富乐。"《汉书·食货志》："岁孰即美，则民大富乐。"依据此镜的出土地点（山东淄博市临淄区）与文献资料，似可推断，"富乐"两字在西汉早期主要流行于齐地（即今山东）。铭文用词的与众不同，进一步确定了此镜的地区特性。

图28　西汉初期　富乐未央铭方格蟠螭镜

直径：8.6厘米；重量：32克
铭文：富乐未央，长毋相忘。
书体：汉篆
资料：《鉴耀齐鲁》图50-2

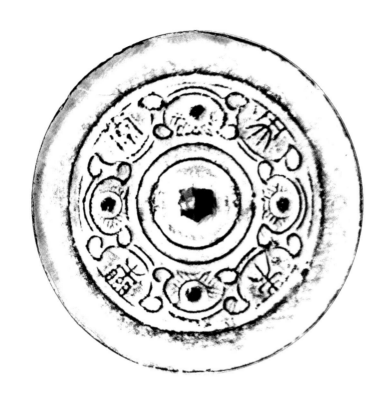

图29　西汉早期　常乐未央铭蟠虺镜

蟠虺铭文镜在西汉铭文镜中是一个小品种，其中多见方格蟠虺而少见此镜纹饰。"虺"，泛指小蛇。《国语·吴语》："为虺弗摧，为蛇将若何？"韦昭注："虺，小蛇。"在古镜纹饰中，有时亦将龙头、龙爪不现之龙称"虺"。《西汉龙纹镜·前言》："对于龙头与龙爪而言：凡两者皆明显者称龙；凡头部明显而爪部模糊者称螭龙；凡两者模糊者称螭；凡两者不现者称虺。"

《汉铭斋藏镜》图39镜的中心主纹饰几乎就是此镜的翻版，只是在其外侧多了一周十四连弧纹，形成一种新的格局，此设计手法至唐代则被较多地采用。

图29 西汉早期 常乐未央铭蟠螭镜

直径：7.9厘米；重量：51克

铭文：常乐未央。

书体：秦篆

资料：《汉铭斋藏镜》图21

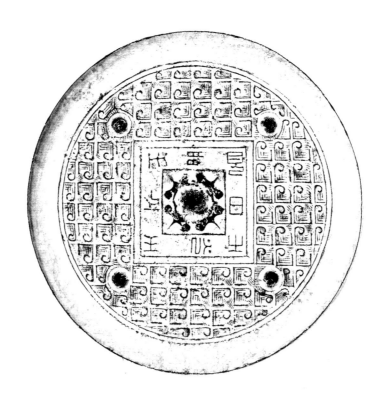

图30　西汉早期　日光铭方格羽状纹镜

　　此镜是与方格蟠螭镜同一时代的独立镜种，演绎了带地纹铭文镜在中国铭文镜史上的美妙结局。其纹饰布局与楚国镜大致相仿：保留羽状地纹，维系边缘形制，取消主纹图案，突出铭文方框。此镜的出现充分表明了西汉早期铭文镜的连续性与多样性。

　　在铜镜铭文上的汉字隶变，从一开始就迈出了三大步：第一步，非纹饰主体的秦篆文字开始出现在各类蟠螭镜中；第二步，系纹饰主体的汉篆文字开始出现在带地纹的方格蟠螭镜与羽状纹镜等镜种之中；第三步，作为纹饰主体的汉篆、篆隶或缪篆文字，在取消了地纹的各类镜种中逐渐问世。

　　林素清《两汉镜铭初探》："庞大的镜铭文字材料，确能补两汉（金、石、简、帛）文字不足，对于秦隶、汉隶的演变痕迹，以及隶变规律等问题之研究，有极大助益。"

图30　西汉早期　日光铭方格羽状纹镜

直径：18.3厘米；重量：555克

铭文：见日之光，天下天（大）明。

书体：汉篆

资料：《清华铭文镜》图10

寅类

西汉 早期综合类铭文镜

图31　西汉早期　千金铭三叶三菱镜

此类镜曾多次被考古部门或收藏家认为是战国镜，但2005年6月22日《中国文物报》发表了祁普实《再评"千金"铭文镜的产生年代》一文，从形制、纹饰、书体等诸多方面，认定这是一种西汉早期铭文镜。笔者赞同这一观点，而且认为其具体年代，应在汉初由大乱转向太平的过渡时期（相思文化以后），"千金铭文反映出商贾百姓追求安居乐业的心态"（祁文）。据悉，洛阳有出土器物，个别收藏家手中亦有此类藏品，其直径大多在8～9厘米之间。故此镜在同类器物中，可谓"大尺寸"者。

主纹三叶中铭文，过去只能辨识其中两个空间内的"宜主"两字，今从放大字体可知，另一个过去未曾被注意的空间内，藏有"千金"两字。在三个空间内饰置四个文字，可谓是西汉铭文镜文字布局的一个特殊镜例。此镜钮侧"千金"两字外有细线方框。

图31　西汉早期　千金铭三叶三菱镜

直径：11.3厘米；重量：81克

铭文：千金，千金宜主。

书體：秦篆（小篆）

资料：《汉铭斋藏镜》图22

图32　西汉早期　大乐贵富铭龙纹博局连弧镜

此铭内容一直为本书图13之类的博局蟠螭镜所"专用",如何会出现在有十六连弧纹缘的龙纹博局镜中?不仅博局纹形制不同(图13镜为四线式,此镜是凹面式);而且铭文的书体亦有异,两者相较,此镜书体比图13镜要偏方折一些。显然,这同样铭文的两类镜在问世年代上有着明显的差异。

本书图26有言:"方格蟠虺镜作为一个镜种……延续了战国镜的地纹制式并画上了句号。"此镜比图26镜的年代明显要晚,为什么还会出现地纹?有两种可能:一是特制个例;二是偶然戏作。从形制、m值(单位面积重量1.64克/平方厘米)、书体等诸方面来看,这应是在汉武帝即位前后制作,且是在当时具有仿古色彩的一面特殊铜镜。

图32 西汉早期 大乐贵富铭龙纹博局连弧镜

直径：16.5厘米；重量：350克

铭文：大乐富贵得所好，千秋万岁，延年益寿。

书体：汉篆

资料：《汉铭斋藏镜》图23

图33　西汉早期　长贵富铭圈带叠压花瓣四乳连弧镜

　　此镜纹饰集中了西汉早期铜镜的三个要素：花瓣、四乳、连弧。镜铭的全部24个文字被不连贯地均匀设置在图案之中，成为西汉铭文镜的一种特殊形式。

　　圈带内镜铭是缺了"子、卯、午、酉"的十二地支。似可认为，此镜是在中国铜镜铭文发展史上最早出现的地支内容，对研究天干地支之历史有着重要的参考价值，《止水集·汉镜十二地支与唐镜十二生肖》对此有粗浅的探讨。圈带外镜铭内容乃属相思文化与祈祥文化的范畴，于此不复赘述。

图33 西汉早期 长贵富铭圈带叠压花瓣四乳连弧镜

直径：19.9厘米

铭文：圈带内：丑、寅、辰、巳、未、申、戌、亥。

圈带外：长相思，毋相忘，长贵富，乐未央，久宜酒食。

书体：秦篆至汉篆过渡

资料：樋口隆康《古镜·图录》图43（现藏东京国立博物馆）

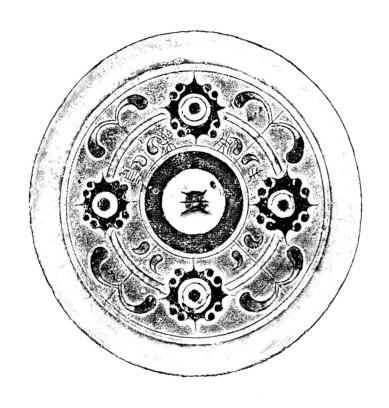

图34 西汉早期 长乐未央铭圈带叠压花瓣四乳镜

"长乐未央",意谓快乐(或享乐)而无尽止。反映了汉人对于社会人生的一种价值取向和理想追求。未央,即未尽。《楚辞·离骚》:"及年岁之未晏兮,时亦犹其未央。"王逸注:"央,尽也。"《汉书·礼乐志》:"灵殷殷,烂扬光,延寿命,永未央。"

此镜既具圈带叠压纹,又有花瓣花叶纹,还取秦汉之际的金字塔钮,当为无地纹中国铭文镜的早期品种之一。其问世年代,亦应与方格蟠螭镜相距不远。中国铭文镜在开始脱离地纹的限制以后,进入了构图艺术更加多样化的时代。

此镜后三字的书体基本上还是秦篆(小篆),然其第一个"长"字已与古文字的秦篆不同,有了今文字隶书的韵味,表现了隶变步步演进的足迹。

图34 西汉早期 长乐未央铭圈带叠压花瓣四乳镜

直径：14.1厘米；重量：237克
铭文：长乐未央。
书体：秦篆、篆隶
资料：《清华铭文镜》图12

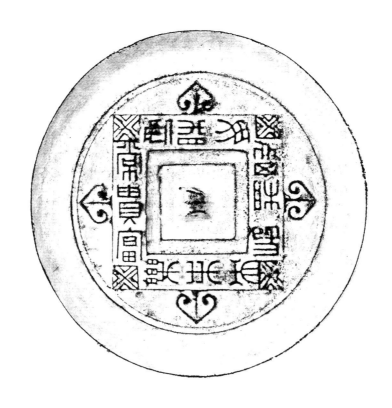

图35　西汉早期　常贵富铭方格四叶镜

此类镜形制与方格蟠螭镜大致相仿，关键差别在于地纹从此消失，可说是传承有序，变化明显。对于中国铭文镜发展史而言，这是一个重大的里程碑：铭文方框之四角或四边外的纹饰开创了花瓣镜与草叶镜制式的先河；铭文内容呈现由汉初的生活动荡时期（相思文化），发展到文景之际的生活安定时期，人们追求富贵（祈祥文化）、企盼长寿（长寿文化）的变化过程。

西汉早期出现之简帛文字，国内学术界称"篆隶"；而同时代的缪篆，系在篆体之基础上加以"规摹"（《说文解字·序》之语，即设计）。马国权《缪篆研究》（《古文字研究》第五辑）："缪篆这种书体，由于它产生于古今文字的过渡时期，在结构方面，往往篆隶互用，而用途上又有其自身特点，可以做些美化加工……缪篆的形体若就性质特点而言，可以大别为九类。有些是文字性质的区别，如遵古、合篆、从隶、讹变；有些是结体上的变化，如盘迴、挪移；而增篆、减篆、变篆则含有两因素在内。"

图35　西汉早期　常贵富铭方格四叶镜

直径：10.3厘米；重量：110克

铭文：常贵富，乐未央，长相思，毋相忘。

书体：汉篆、缪篆

资料：《清华铭文镜》图11

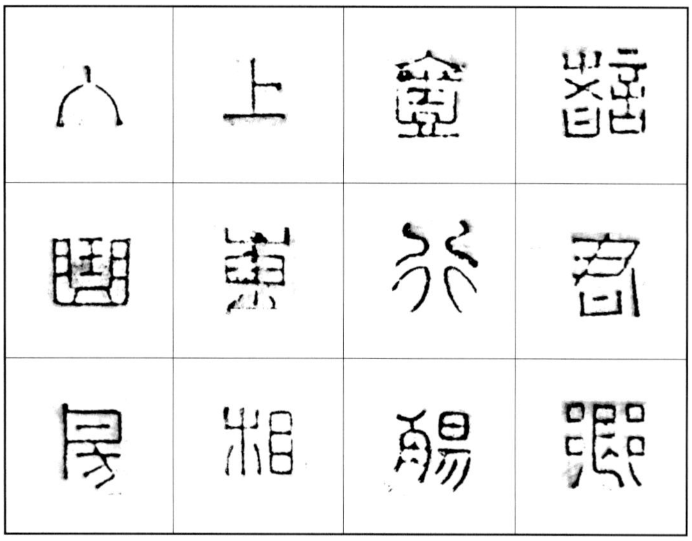

图36 西汉早期 上东相铭纯文连弧镜

壹：皆，一概。《礼记·大学》："自天子以至于庶人，壹是皆以修身为本。"行觞：依次敬酒。《礼记·投壶》："命酌，曰：'请行觞。'"

"东相"即"东厢"，古代庙堂东侧的厢房，后泛指正房东侧的房屋。《史记·吴王濞列传》："盎曰：'臣所言，人臣不得知也。'乃屏错，错趋避东厢。"《汉纪·惠帝纪》："皇帝就酒东厢，坐定，奏《永安》之乐，美礼已成也。""东相"之铭在本书中还有2面：图94、95皆系草叶镜。

"曲房"为内室或密室，汉枚乘《七发》："往来游醮，纵恣于曲房隐间之中。"铭文大意：达官贵人们全都依次敬酒，再到东厢叙话，最后宾客散去，主人进入内室。此铭内容将汉代上层社会享乐生活的情节，展现在我们面前。

此镜"曲"字之书体很是有趣，工匠将其作成一幅凹面图形，受人喜爱。

图36 西汉早期 上东相铭纯文连弧镜

直径：11.5厘米；重量：108克

铭文：诸君卿，壹行觞，上东相，入曲房。

书体：汉篆、缪篆

资料：赵亚弟先生

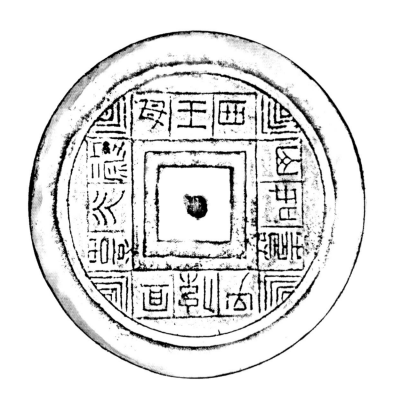

图37　西汉早期　西王母铭纯文镜

西王母画像及榜题，在新莽、东汉的诸多镜类中皆有出现，然其铭文出现在西汉之早期，则属罕见。图41铭文与此镜相同，成为本书镜纹形制之同铭"佳对"。

西王母是中国古代的女神仙，古时以为长生不老的象征，铭文"寿如山"正是此意。据《穆天子传》卷三："乙丑，天子觞西王母于瑶池之上，西王母为天子谣。"人世间天子竟能与昆仑山上的神仙西王母对饮欢歌，除了说明汉人对神仙的痴迷外，实在是一件令人费解的事。好在《穆天子传》一书的虚妄成分不少，也权作神话故事看看而已。

铭文中的谷（穀）与縠通假。《谷梁传·宣公十三年经》："晋杀其大夫先谷（穀）。"《释文》："穀，一本作縠。"縠即绉纱，《战国策·齐策四》："王之忧国爱民，不若王爱尺縠也。"吴师道补正："縠，绉纱。"亦即为一种光彩照人的名贵衣料。从古至今，穿着华丽都是一件令人喜悦之事。

图37　西汉早期　西王母铭纯文镜

直径：9.6厘米；重量：78克
铭文：寿如山，西王母，穀光憙，宜系（孙）子。
书体：汉篆（手写体）
资料：《汉铭斋藏镜》图26

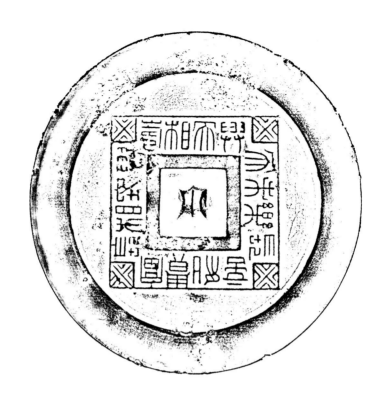

图38　西汉早期　与天相寿铭纯文镜

　　此类镜存世有限，成都羊子山工地收集16字铭文镜（直径9.6厘米）："与天毋极，与地相长，富贵如言，长毋相忘。"广州汉墓出土8字铭文镜（直径15.9厘米）："与天无极，与地相长。"《故宫藏镜》图26亦为16字铭文镜（直径12.6厘米）："与天相寿，与地相长，富贵如言，长毋相忘。"西汉早中期之际，在此类镜的铭文内容中融合了长寿、祈祥、相思等各种文化，时代特色十分鲜明。此镜铭文前三句与《故宫藏镜》图26一致，同类镜铭末句多见"长毋相忘"，但此镜却为"长乐未央"。

　　本书上册综合篇有专题研究《西汉镜铭喻示的人与自然》。"与天""与地"之铭文释考，参见图57说明。

图38 西汉早期 与天相寿铭纯文镜

直径：10.4厘米；重量：118克
铭文：与天相寿，与地相长，富贵如言，长乐未央。
书体：汉篆、缪篆（遵古）
资料：《清华铭文镜》图15

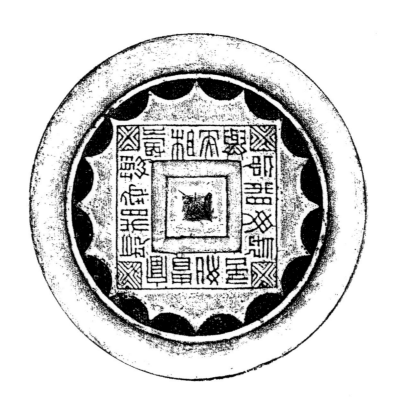

图39　西汉早期　与天相寿铭纯文连弧镜

　　此镜与《故宫藏镜》图26比较，直径、形制、铭文、书体等几乎完全一致。主要差别在于，此镜之铭文方框稍大些，故而文字略显偏长。《清华铭文镜》图15亦系同类之"与天相寿"镜，只是取消了十六内向连弧，且其句末为"长乐未央"而非"长毋相忘"。此类镜铭文字排列罕见有竖向上下连贯者，见图59。

　　《楚辞·九章·涉江》："与天地兮同寿，与日月兮齐光。"《庄子·在宥第十一》："入无穷之门，以游无极之野。吾与日月参光，吾与天地为常。"可知，人生富贵还需有命来享；无寿之富贵，岂非枉然？

　　此类镜铭文多见16字而少见8字，孙小龙先生藏"与天无亟，与美相长"之同类镜，直径11.3厘米。迄今所知，此类镜尺寸最大者，直径14.4厘米。

图39 西汉早期 与天相寿铭纯文连弧镜

直径:12.5厘米;重量:159克

铭文:与天相寿,与地相长,富贵如言,长毋相忘。

书体:汉篆、缪篆(遵古)

资料:《汉铭斋藏镜》图24

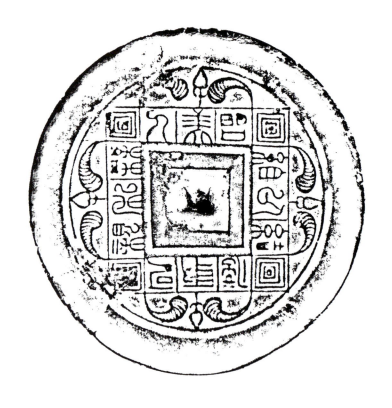

图40 西汉早期 昭美人铭变形花瓣镜

"组"即结带。《尚书·禹贡》:"厥篚玄纁玑组。"孔传:"组,绶类。"本书图53(E8)镜还有"结组中身"的铭文。"结以组"似可释为"结以绶",结绶即佩系绶带。《汉书·萧育传》:"故长安语曰:'萧朱结绶,王贡弹冠。'言其相荐达也。"古时,达官贵人着装过程的最后一个动作就是佩系绶带,此刻才算"定妆",方可正式照镜。"美人"在古文中有多释,可指美丽的女人,亦可指代君王,或称品德美好的人,详见《清华铭文镜》图21之释考。"无私亲,可取信"是借镜喻人,做人要像铜镜那样大公无私,诚而有信。本书图47有铭:"可以取信。"图90有铭:"必忠必信,久而必亲。"……毫无疑问,此类镜铭文在今天仍有重要的教育意义。

图40 西汉早期 昭美人铭变形花瓣镜

直径：9.7厘米；重量：73克

铭文：结以组，昭美人。无私亲，可取信。

书体：秦篆（小篆）

资料：《汉铭斋藏镜》图25

卯类

西汉　四乳铭文镜

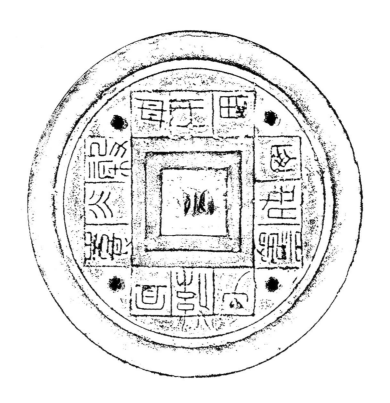

图41　西汉早中　西王母铭四乳镜

此镜铭文与图37镜完全一致。《汉书·江充传》:"充衣纱縠襌衣。"颜师古注:"纱縠,纺丝而织之也,轻者为纱,绉者为罗縠。"能够理解,古时的绉纱是一种华丽名贵的衣料,穿着在身,光鲜漂亮。

从实物认字,铭文倒数第二字是"系"。"系"意为继续、连接。《易·随》:"六二,系小子,失丈夫。"《尔雅·释诂》:"系,继也。"按内容通顺,此字似应读为"孙"字,或许是铸模工匠误写,或许是当时可以互用。"宜孙子"或"宜子孙"多见于汉镜铭文,故此推断应不无依据。

图41 西汉早中 西王母铭四乳镜

直径:9.6厘米;重量:84克

铭文:寿如山,西王母,穀光熹,宜系(孙)子。

书体:汉篆(手写体)

资料:《汉铭斋藏镜》图29

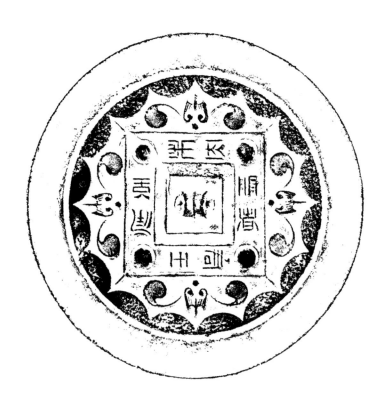

图42　西汉早中　服者君王铭四乳镜

十六内向连弧是西汉早中期之际开始的一种特有铜镜制式，多见于花瓣镜与草叶镜。此镜十六内向连弧出现较早，纹饰还涵盖了西汉早中期诸多铜镜纹饰的重要元素：四花瓣，四乳，四草叶，是一集纹饰大成的镜面。镜铭之"服者君王"与本书图24之"明者君王"仅一字之差，含义却完全不同。西汉铭文镜中多见"服者君卿"之语，"服者君王"的喻义当与之相同。"服"字应释为使用，《周易·系辞下》传载："服牛乘马，引重致远。"孙小龙先生藏"见日之光，服此可长"铭四乳镜。《嘉德2010春拍》图7132有铭："和日之光，服此君卿。"本书图91有铭"镜以此行，服者君卿"，本书图160有铭"常服此镜寿命长"，《清华铭文镜》图56有铭"服此镜，为上卿"，均应归之于祈求吉祥富贵的镜铭文字。

《故宫藏镜》图29系"羊（祥）至毋相忘"，《山东省博物馆·铜镜卷》图10是"羊（祥）至未央"，本书图60为"幸至未央"。这些铭文的出现，让我们观察到西汉镜铭用语的多姿多彩，并可了解中国祈祥文化的源远流长。

图42 西汉早中 服者君王铭四乳镜

直径：9.8厘米；重量：58克

镜铭：服者君王，幸至未央。

书体：篆隶、缪篆

资料：《清华铭文镜》图14

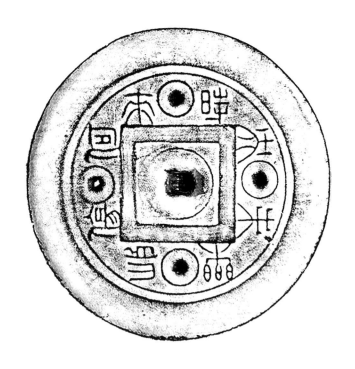

图43 西汉早中 时来何伤铭四乳镜

《楚辞·离骚》:"虽萎绝其亦何伤兮。"《楚辞·九章·涉江》:"虽僻远之何伤。""何伤"意为没有妨害。《论语·先进》:"子曰:'何伤乎?亦各言其志也。'"本书图121铭文之末句:"谤言众兮有何伤。"《止水集·西汉铭文镜》图3-5铭文:"时来何伤,君毋相忘。"

在存世之同类"何伤"铭镜中,还可见到"君来何伤,慎毋相忘"(本书图46)、"久淳何伤,长毋相忘"(《汉铭斋藏镜》图72)、"侍来何伤,久不□□"(《汉铭斋藏镜》图73)以及"与天为常,善哉毋伤"(本书图104)等颇为难得的铭文资料。

图43 西汉早中 时来何伤铭四乳镜

直径：6.9厘米；重量：36克

铭文：时来何伤，长乐未央。

书体：秦篆（小篆）

资料：《汉铭斋藏镜》图30

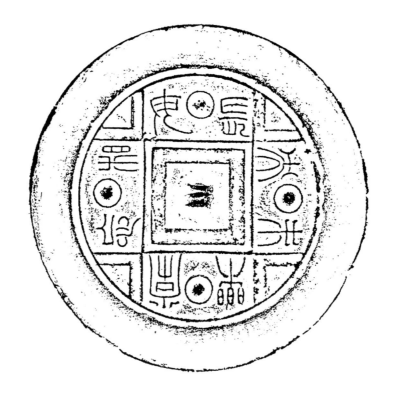

图44　西汉早中　长毋相忘铭简博四乳镜

汉初，因避淮南王刘长之"长"字讳，"常"字完全取代了"长"字。其后，刘长因反叛而亡，自然不必强制再作避讳，故而在西汉铭文镜中就出现"长"与"常"两字混用或是互用的情况。图45镜上的此两字正好是颠倒使用，而成"常毋相忘，长乐未央"。这种情况要持续到西汉晚期才得以回归正常，如《清华铭文镜》图31与图32的末句，皆改为"长乐未央""长毋相忘"。

图44 西汉早中 长毋相忘铭简博四乳镜

直径：8.8厘米；重量：63克

铭文：长毋相忘，常乐未央。

书体：秦篆（小篆）

资料：《汉铭斋藏镜》图31

图45 西汉早中 常毋相忘铭简博四乳镜

此镜形制工整而奇特：首先，四乳钉并非通常之上凸式而是下凹式；其次，钮座外凹面方框的四边对着四V纹，四角对着四乳钉，明显可知凹面方框旋转了90°；最后，框外四边的四个三角形空间内满饰对称之折线纹。因为器物的版模上乘且表面干净，所以拓片效果甚佳。

与图44比较，此镜"常"与"长"两字正好互换。

图45　西汉早中　常毋相忘铭简博四乳镜

直径：9.1厘米；重量：74克
铭文：常毋相忘，长乐未央。
书体：秦篆（小篆）
资料：《汉铭斋藏镜》图32

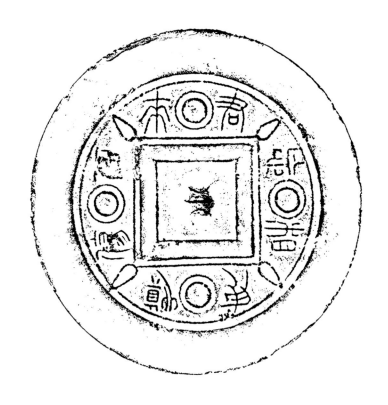

图46 西汉早中 君来何伤铭花叶四乳镜

与《汉铭斋藏镜》图34相比,两镜形制、铭文、书体完全一致,只是尺寸稍有差异。仔细观察可知,四乳的凹凸不同:《汉铭斋藏镜》图34的四乳上凸,此镜四乳下凹。乳钉下凹的情况很少见,本书图45亦为一例。

在西汉早期铭文镜中,多见"长毋相忘""常毋相忘""幸毋相忘""愿毋相忘""久毋见忘""君毋相忘"等字句,而少见"敬毋相忘""慎毋相忘"。"慎"字喻义千万或无论如何,下笔较重,在用词上进了一层,带有警诫之意,详参本书图4释读。

图46　西汉早中　君来何伤铭花叶四乳镜

直径：9.8厘米；重量：70克
铭文：君来何伤，慎毋相忘。
书体：秦篆（小篆）
资料：《汉铭斋藏镜》图35

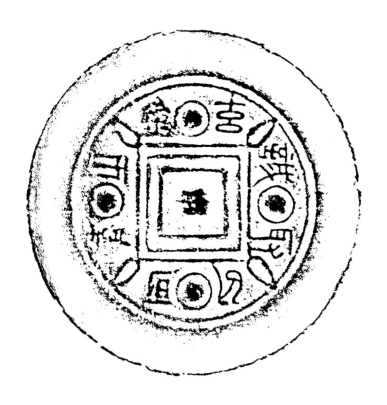

图47 西汉早中 玄金之清铭花叶四乳镜

本书图48与陕西历史博物馆《千秋金鉴》第43页下部之镜（直径7.5厘米），皆铭："金清阴光，可以取信。"陕西省考古研究所《考古与文物》2006年第4期，载有《陕西投资策划服务公司汉墓清理简报》，文中所载一镜（有残）其铭："玄金之清，可见信诚。"此镜与之相比，形制相同，尺寸一致，"诚"可佐证，唯铭文内容有两字相差。在同一"简报"中，还报道了一面形制相同的罕见日光镜，其铭："见日之光，所居君王。"孙小龙先生藏主纹相同之镜（直径9.3厘米），其铭："如日之光，天下大明。"

汉及汉代以前，"金"又作"铜"的别称。如夏、商、周时期的精美铜器称为"三代吉金"；春秋曾侯簠铜器铭"克狄（获）繁阳，金道锡（易）行"；战国铜锭、青铜剑铭文"繁阳之金"等。镜铭中的"玄金"意指奇妙的铜质。

西汉镜铭多有借镜喻人之用意，"可以取诚""可见信诚"都是教育用镜者要像铜镜清白可鉴、无可遁形那样地以"诚"待人。"诚"即诚实、真诚、忠诚。《易·乾·文言》："闲邪存其诚。"孔颖达疏："言防闲邪恶，当自存其诚实也。"《礼记·学记》："今之教者，呻其占毕，多其讯，方及于数，进而不顾其安，使人不由其诚，教人不尽其材。"孔颖达疏："诚，忠诚。"

图47 西汉早中 玄金之清铭花叶四乳镜

直径：7.7厘米；重量：43克
铭文：玄金之清，可以取诚。
书体：秦篆（小篆）
资料：《汉铭斋藏镜》图36

图48　西汉早中　金清阴光铭花叶四乳镜

镜铭内容借镜喻人，包含着教育功能，"信"字释考参见本书图90，"诚"字释考参见本书图47。从存世器物看，还有几面同类铭文镜，本文将其主要内容归纳成下表：

序号	直径/厘米	镜铭内容	资料来源
1	7.5	金清阴光，可以取信。	《千秋金鉴》图43下
2	7.7	玄金之清，可以取诚。	本书图47
3	/	玄金之清，可以信诚。	《考古与文物》2006年第4期19页
4	9.7	结以组，昭美人，无私亲，可取信。	本书图40
5	11.5	结组中身可取信……	本书图55
6	11.4	於勿毋相可取信……	本书图56
7	6.9	立信结约。	朱军强先生
8	18.2	必忠必信，久而必亲，不信不忠，久而自穷。	本书图90
9	13.2	居必忠必信，久而益亲，而不信不忠，久而自穷。	《清华铭文镜》图41

从古至今，人们都十分重视人际关系上的信与诚，此镜是汉代文化的重要例证。

图48　西汉早中　金清阴光铭花叶四乳镜

直径：9.3厘米；重量：62克
铭文：金清阴光，可以取信。
书体：秦篆（小篆）
资料：《止水阁藏镜》图69

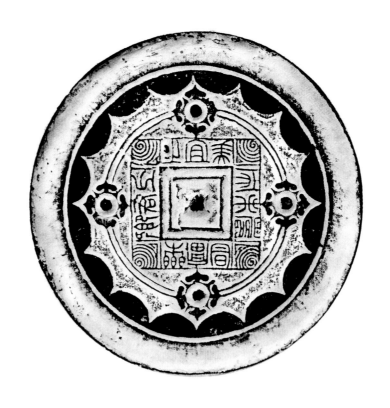

图49　西汉早中　美宜之铭连弧四乳镜

"宜"即适当、适宜、合适。《诗经·小雅·鸳鸯》："君子万年，福禄宜之。"《诗经·小雅·裳裳者华》："左之左之，君子宜之。""上"通假"尚"。俞樾《群经平议·毛诗二》："'上'、'尚'古字通。""尚"即奉、承，《文选·司马相如〈长门赋〉》："愿赐问而自进兮，得尚君之玉音。"李善注："尚，犹奉也。"

此铭头两句似可解为："女子将自己打扮得漂亮、得体，就会得到君卿（君子、夫君、大夫）的赞美、欢喜。"镜铭将女性作为第一人称，充满了生活气息，在汉镜铭文中不算少见。如："君行有日母反时""愿君强饭多勉之""妾负君兮万不疑，君负妾兮天知之"……然鼓励女性梳妆打扮的铭文却是罕见，此镜为汉镜文化研究，又可添上一砖一瓦。

图49　西汉早中　美宜之铭连弧四乳镜

直径：11.6厘米；重量：113克
铭文：美宜之，上君卿，乐富昌，寿未央。
书体：秦篆（小篆）
资料：《汉铭斋藏镜》图43

图50　西汉早中　与众异铭连弧四乳镜

此铭4句三言，其第3句第3字在《汉铭斋藏镜》图44中读"毕"，今细查原物后发现，此字下方还存左右斜笔之浅痕，对照《说文解字》，当读"异"。依据本书图81镜第2句铭文可知，此铭"与众异"即"与众异容"之简略。

"异"字在古文中有多种含义，这里应作"奇特的"之释。大致而言，此句主要是夸奖铜镜质量，或可释为："用以照容，会有与众不同的奇特效果。"

图50 西汉早中 与众异铭连弧四乳镜

直径：11.4厘米；重量：100克

铭文：日有憙，月益富，与众异，乐毋事。

书体：汉篆

资料：《汉铭斋藏镜》图44

辰类

西汉　花瓣铭文镜

图51　西汉早中　此镜甚明铭四乳花瓣镜

在西汉镜铭中，"此"字少见，其书体与东汉许慎《说文解字》之标准字例很是相近。"甚"字罕见，其书体与《清华铭文镜》图4"感思甚"较为接近，只是更显方折。汉字隶变有一定的发展规律，西汉四乳镜铭文还多见秦篆，进入花瓣镜阶段，就多见汉篆。作为一个镜种而言，这是汉字隶变的第一步。另可说明，在问世年代上，四乳镜比花瓣镜要早，应是不争的事实。此镜m值2.03克/平方厘米，当属厚重。

在出土器物中亦见一例，即《鉴耀齐鲁》图64-2（本书图93），镜之直径11.6厘米（汉尺5寸），重量200克，铭文："此镜甚明，服者君卿。"可知，本镜铭文末句"万岁未央"的使用较为少见。此类镜铭内容是铸镜作坊的自许之词。

图51　西汉早中　此镜甚明铭四乳花瓣镜

直径：13.9厘米；重量：309克
铭文：此镜甚明，服者君卿，万岁未央。
书体：汉篆
资料：《汉铭斋藏镜》图46

图52　西汉早中　鉴物象状铭花瓣镜

为释读此铭曾花费时间，壬辰初夏，经李学勤老师指点，方得解决。上行左侧首字是突破关键，李老师将此字下方之"曰"字拈出而单独成字，可谓迷宫之"路标"也！

"审"字在此可释明白、清楚之意，《公孙龙子·白马》："是白马之非马，审矣。"司马迁《报任少卿书》："由此言之，勇怯，势也；强弱，形也；审矣！"铭文中"景"通"影"，如清白镜铭文"慕窈窕于灵景"，"灵景"即作"灵影"解。"荡渊"，意谓物象显于清光明亮的镜面，犹如深潭照影、光耀云天一般。

图52 西汉早中 鉴物象状铭花瓣镜

直径：13.5厘米；重量：200克

铭文：曰：鉴物象状兮明日审，外光内景（影）兮辉荡渊。

书体：秦篆汉篆过渡

资料：日本药照寺《中国的古镜》图6

图53　西汉早中　心与心铭四乳花瓣镜

此铭充满着两情相悦的爱恋之苦。这里的"子"应是专指"女子"，《诗·大雅·大明》："赞女维莘，长子维行。"毛传："长子，长女也。""从"当指从夫，南朝梁刘勰《文心雕龙·议对》："昔秦女嫁晋，从文衣之媵，晋人贵媵而贱女。"一对相爱已久的恋人，却出现了"子从他人"的状况，当是悲哀之极。

此铭与罗振玉《古镜图录》中七有异曲同工之妙，其铭："毋弃故而娶新，亦成亲，心与心，长毋相忘，俱死葬何伤。"同类内容对比，可见本书图118。

图53 西汉早中 心与心铭四乳花瓣镜

直径：14.0厘米；重量：328克

铭文：心与心，亦诚（成）亲，终不去，子从沱（他）人，
所与予言，不可不信。

书体：秦篆汉篆过渡

资料：赵亚弟先生

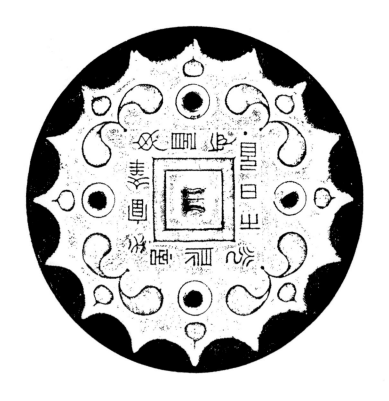

图54　西汉早中　日光（所言）铭四乳花瓣镜

"当"字与"言"字在一起时应作公正、正直之释，当言亦即直言。《管子·霸形》：桓公曰："仲父胡为然？盍不当言，寡人其有乡乎！""所言必当"可释为："所说的话必定公正。"本书图23、图61、图68、图91有相同铭文"所言必当"。

"幸毋见忘"一词在西汉早中期的相思文化中有多种表示形式，如修毋相忘、长毋相忘、常毋相忘、君毋相忘、愿毋相忘、敬毋相忘、慎毋相忘等，其中的"相"字又可用"见"字替换，如"久毋见忘"。见，乃语助词，表被动，意谓不要被忘却。由此也可见西汉镜铭用词多姿多彩的变化。

图54　西汉早中　日光（所言）铭四乳花瓣镜

直径：11.6厘米；重量：178克
铭文：见日之光，所言必富（当），幸毋见忘。
书体：汉篆
资料：《汉铭斋藏镜》图49

图55　西汉早中　清誏铭多字花瓣镜（一）

20世纪50年代，广州地区发掘了一批秦汉墓葬，其2034：6号墓出土了一面直径11.3厘米之镜。两镜勘比，似为同模。江苏藏家刘先生藏有一面尺寸稍大的此类镜，铭文清晰可读，内容大同小异，"结组中身可取信"七字释读无误。"结组中身"释考见图56。其首二字"请誏"疑即"清誏"。请，据《汉书·贾谊传》颜师古注，通"清"。

此类镜多见汉尺5寸之规格，孙小龙先生藏24连弧同类镜，直径18.4（即汉尺8寸），其铭有40余字。

西汉中期有前两句铭文相同的连弧纹圈带铭文镜、连弧纹草叶圈带铭文镜，西汉晚期则有前两句同铭之八连弧云雷纹铭文镜，《清华铭文镜》图33及本书图118、图119皆为此类铭文镜。其末尾之用词多为"清光乎宜佳人"，详见图118、图119之文字说明。

图55 西汉早中 清誏铭多字花瓣镜（一）

直径：11.5厘米；重量：196克

铭文：清誏金华以为镜，昭察衣服观容貌，结组中身可取信，光宜美人。

书体：汉篆

资料：《汉铭斋藏镜》图52

图56 西汉早中 清朖铭多字花瓣镜（二）

此镜铭文32字，较图55镜多了7字。朖，当为"朗"之省笔（镜铭中每多见此类文字，或因工匠铸模之"偷懒"所致，或因铭文空间有限而成）。据《龙龛手镜》卷一："朖，音朗，明也。"是"请朖"即清明之谓也。镜铭"鑑"字很清楚，"鑑"通假"鉴"，即古代的青铜大口盆，盛水后可用以照容，镜之原始义即本源于此。《诗·邶风·柏舟》："我心匪鉴。"毛传："所以察形也。"《庄子·德充符》："鉴明则尘垢不止，止则不明也。"成玄英疏："鉴，镜也。"铭文之"结组"即佩绶，在图40中已有释考。"中身"即身体的中部，《战国策·魏策四》："有蛇于此，击其尾，其首救；击其首，其尾救；击其中身，首尾皆救。""结组中身"可理解为：将丝质绶带佩挂在胸腹之间。

此镜边缘之连弧数为18，在西汉早期的镜例中很是少见。

图56 西汉早中 清誋铭多字花瓣镜（二）

直径：11.4厘米；重量：155克

铭文：清誋金华以为蓝（鑑），昭察衣服观容貌，结组中身，
於勿毋相可取信，遂阴光，宜美人。

书体：汉篆

资料：《汉铭斋藏镜》图53

图57　西汉早中　与天无极铭多字花瓣镜

在西汉花瓣纹镜中，多见三弦钮，少见圆钮与兽钮。此镜内容皆为常见之祈祥用语，其文体分别由两句四言与四句三言组合而成，可谓平凡中见新奇。

在汉景帝后期出现昭明铭与清白铭之前（详见本书上册证史篇《西汉昭明镜铭文释考与研讨》与《西汉清白镜铭文释考与研讨》），镜铭字数一般都不超过16字。唯存世不多的花瓣纹镜铭有较大的文字数量，本书图56镜即有32字。

"与天"即合乎天道者，则得天助。这是一种黄老思想的道家理念。《国语·越语下》："持盈者与天。韦昭注：与天，法天也。"《管子·形势》："持满者与天。"尹知章注："能持满者，则与天合。"《史记·越王勾践世家》："持满者与天。"司马贞《索隐》："与天，天与也。言持满不溢，与天同道，故天与之。"

图57 西汉早中 与天无极铭多字花瓣镜

直径：11.6厘米；重量：224克

铭文：与天无极，与地相长。富贵安，乐未央，长相思，毋相忘。

书体：汉篆

资料：《汉铭斋藏镜》图50

图58　西汉早期　与天无极铭四乳连弧花瓣镜

《汉书·武帝纪》："（元封元年）夏四月癸卯，上还，登封泰山。"应劭曰："刻石，纪绩也，立石三丈一尺，其辞曰：'四守之内莫不为郡县，四夷八蛮咸来贡职，与天无极。'"《淮南子·修务训》："君子修美，虽未有利，福将在后至。"高诱注："美，善也。"

"秦砖汉瓦"几乎是中国传统文化在秦汉时期的代名词，凡汉瓦中的四字内容主要为长寿文化，存世所见者有"与天无极""长生无极""长生未央""亿年无疆""永奉无疆""千秋万岁""延年益寿"等。从西汉初年开始的相思文化，在自然延续的同时，逐渐过渡到长寿文化并延绵贯穿于整个华夏历史，这是汉代天人合一思想的具体反映。

铜镜中的长寿文化东渡扶桑，熏染日本，如其平安时代后期（中国两宋之际）开始问世的蓬莱纹和镜，便有着典型的长寿文化内容，而且，这一题材在日本盛行达八百年之久。详见《日本蓬莱纹铜镜研究》《清华大学藏日本和镜》。

图58 西汉早期 与天无极铭四乳连弧花瓣镜

直径：13.9厘米；重量：260克
铭文：与天无极，与美相长，驩（欢）乐如志，长毋相忘。
书体：汉篆、缪篆（遵古）
资料：《清华铭文镜》图16

图59　西汉早期　与天无极铭连弧花瓣镜

如前所述，西汉镜铭内容多见长寿文化，主要有"千秋万岁""延年益寿""延年千岁""寿至未央""与天无极""与天相寿""与地相长"等。《长安汉镜》第58页有载："花卉（即花瓣、花叶）镜在武帝初年以后基本不见，而草叶纹和花卉纹组合而成的草叶镜依然流行。因此，可以认为在西汉中期，两种纹饰开始走向复合的道路。"

本书图57~图59三面"与天"铭文镜的书体，皆应问世于花瓣纹镜与草叶纹镜之间，但其钮制却有不同，说明正处于从三弦钮走向圆钮的过渡之中。此三镜与图38、图39之书体，皆以汉篆为基础兼有大篆韵味，在汉字隶变关键的文景之际，出现这种"遵古"现象，说明古汉字演进发展所经历的反复过程。

此铭文字排列奇特，乃少见之"直读"。

图59　西汉早期　与天无极铭连弧花瓣镜

直径：13.7厘米；重量：222克
铭文：与天无极，与地相长，驩乐如言，长毋相忘。
书体：汉篆、缪篆（遵古）
资料：《止水阁藏镜》图73

图60　西汉早期　日光铭连弧草叶花瓣镜

此镜和本书图69比较，规格小了一个等级，两者总体形制相近，其主要差别在于铭文方框四角外花瓣纹与龙纹的不同。此镜问世年代稍早于图69镜，似应在文景之末至武帝初年。再看铭文排列方式，应是花瓣纹镜和草叶纹镜之间的过渡器物。铭文"延年千岁"为西汉长寿镜铭中的少见句式。本书图42是"幸至未央"；《故宫藏镜》图29系"羊（祥）至毋相忘"。据笔者所见，"幸至未央"镜有较小的存世量，其直径多为汉尺6寸（见《止水集·西汉铭文镜》表五）。

此镜铭文稍带悬针篆韵味，书体优美，结字均匀，直曲相间，笔画有力。林素清《两汉镜铭初探》："汉镜铭文字，字体上有秦篆、汉篆、汉隶、草书和缪篆、长脚篆（即悬针篆）等，相当全面地反映了两汉文字的演变和发展。"

图60　西汉早期　日光铭连弧草叶花瓣镜

直径：18.8厘米；重量：515克

铭文：见日之光，天下大阳，服者君卿，延年千岁，幸至未央，常以行。

书体：秦篆、缪篆（遵古、增篆）

资料：《清华铭文镜》图18

图61　西汉早中　镜以此行铭花瓣镜

《长安汉镜》第58页："花卉（即花瓣）镜在武帝初年以后基本不见。"笔者完全认同这个观点，因为花瓣镜铭文内容多见于道家思想（如"与天无极"等），所以还可认为，花瓣镜的盛行期当是在文景之际。

镜铭首句"镜以此行"当是工匠自夸的一段广告词，"以"字当释为"因""由"；"行"乃辈分之义，《史记·汲郑列传》："（郑庄）年少官薄，然其游知交皆其大父行，天下有名之士也。"若以白话释读，"镜以此行"可释为："此镜由此可列名器。"与本书图51镜首句"此镜甚明"比较，此铭似更夸张。铭文之"所言必当"，本书图23、图54、图68、图91中皆有出现。

花瓣镜的尺寸多在汉尺4寸至6寸间，图60与此镜皆超过汉尺8寸，且文字齐全，书体精美，令人喜爱。此镜20连弧，在多半是16连弧的花瓣镜中，予人以标新立异之感。

图62　西汉早中　见日之光铭花瓣镜

直径：11.5厘米
铭文：见日之光，天下大阳，服者君卿，幸至未央。
书体：秦篆汉篆过渡，缪篆（遵古）
资料：《山东省博物馆·铜镜卷》图10

图63　西汉早中　与人无极铭花瓣镜

同类镜铭常见"与天无极""与天相寿""与地相长""与美相长"等,"与人无极"则甚是罕见。这里的"人"应有两释:

其一,作本字释,"与人"即合乎民意,取得人心。《国语·越语下》:"持盈者与天,定倾者与人,节事者与地。"韦昭注:"与人,取人之心也。"《管子·形势》:"持满者与天,安危者与人。"　尹知章注:"能安危者,则与人合。"此镜铭文前两句可谓西汉大儒董仲舒"天人感应"说之经典句例,意谓人的行为能感应上天。

其二,"人"通假"仁"。《荀子·修身》:"体恭敬而心忠信,术礼义而情爱人。"王先谦《集解》引王引之语曰:"人读为仁。言其体则恭敬,其心则忠信,其术则礼义,其情则爱仁也。爱仁犹言仁爱。"在《易·系辞下》《公羊传·成公十六年》《论语》《老子》等古籍中,多有"人"与"仁"通假的实例,儒家思想向以仁作为最高的道德标准。此镜问世年代比图90明显要早,应是西汉宣扬儒家思想的早期器物。花瓣镜多在文景之际,此镜有可能问世于武帝即位之初。

此铭稍扁的缪篆书体与图62一致,直径亦相同(皆为汉尺5寸),似出于同一工匠之手,唯钮式与内容有别。

图63　西汉早中　与人无极铭花瓣镜

直径：11.5厘米；重量：196克
铭文：与人无极，天必利之，富贵安乐，幸毋相忘。
书体：秦篆汉篆过渡、缪篆（遵古）
资料：《汉铭斋藏镜》图51

图64　西汉早中　有君子之方铭花瓣镜

一般认为，镜铭反映儒家思想是从新莽镜开始，事实上早在西汉早中期就已出现，即如此镜，便是最早反映儒家思想的汉镜。铭文中之"君子"应泛指有才德之人。《易·乾》："九三，君子终日乾乾。"《论语·泰伯》："君子人与，君子人也。"《文中子·天地》："子曰：'过而立，犯而不校，有功而不伐，君子人哉！'"

"方"者，谓方正，刚直。在先秦汉魏及其后直至今日的士人心目中，"方"应是其必须具备的品行与人格，所云"作人以方，处事以圆"，即此谓也。《管子·霸言》："夫王者之心，方而不最。"尹知章注："心虽方直，未为其最。"此乃对帝王品性的要求，要高出对一般儒士的要求，自又当别论。

"忠"字通常有三解。其一，忠诚无私；尽心竭力。《左传·成公九年》："无私，忠也。"《国语·周语下》："言忠必及意，言信必及身。"韦昭注："出自心意为忠。"其二，特指事上忠诚。《书·伊训》："居上克明，为下克忠。"孔传："事上竭诚也。"其三，忠厚。《楚辞·九歌·湘君》："交不忠兮怨长，其不信兮告余以不闲。"王逸注："忠，厚也。"

"信"字主要有两解。其一，诚实不欺。《论语·学而》："为人谋而不忠乎？与朋友交而不信乎？"其二，守信用，实践诺言。《左传·宣公二年》："贼民之主，不忠；弃君之命，不信。"《国语·晋语二》："吾闻之，申生甚好信而彊，又失言于众矣，虽欲有退，众将责焉。"韦昭注："信，言必行之。"

"商"字通"常"，意为伦常、纲常。《书·君陈》："狃于奸宄，败常乱俗，三细不宥。"孔传："毁败五常之道。"汉蔡琰《悲愤诗》："汉季失权柄，董卓乱天常。"

图64　西汉早中　有君子之方铭花瓣镜

直径：13.5厘米；重量：413克

铭文：有君子之方，视父如帝，视母如王，爱其弟，敬其兄，忠信以为商（常）。

书体：秦篆（小篆）

资料：《止水集·西汉铭文镜》图3-1

图65 西汉早中 常富贵铭鸟篆书体花瓣镜

鸟篆是篆体的一种，又称鸟迹、鸟迹文、鸟迹书，起笔多饰鸟首，字形曲折蜿蜒。鸟篆在春秋中后期至战国时代盛行于吴、越、楚等南方诸国，如越王勾践剑上即有错金的鸟篆铭文。汉代器物写作鸟篆者，如1968年河北满城中山国靖王刘胜墓中出土的蟠龙纹铜壶，其腹亦有鸟篆铭文："盛兄盛味，于心佳都。"《后汉书·阳球传》中亦有记载："或献赋一篇，或鸟篆盈简，而位升郎中，形图丹青。"李贤注："八体书有鸟篆，象形以为字也。"

在存世器物中，此铭书体似为仅见。此镜主纹皆具花瓣与初始形态之草叶，故问世年代有可能在文景之际。

图65　西汉早中　常富贵铭鸟篆书体花瓣镜

直径：14.0厘米；重量：266克
铭文：常富贵，安乐未央，幸至毋相忘。
书体：鸟篆
资料：《故宫收藏·铜镜》图18

巳类

西汉　草叶铭文镜

图66　西汉中期　日光（久长）铭草叶镜

在西汉铭文镜中，草叶镜的存世量最大，其中以"见日之光，天下大明"的铭文最多。同时，亦伴有一批前句相同、后句文字略有变化的铭文镜，初步统计有二三十个类别。

一个时代造就一种文化。草叶铭文镜大多问世在汉武帝即位以后，当时，抗击匈奴乃国之大事，期盼和平是百姓的普遍愿望。"天下久长""天下大昌"（图67）等镜铭所反映"国家层面"的内容，正是那个时代背景下的产物。详见本书上册证史篇《从镜铭"天下久长"等看西汉百姓期盼的长治久安》。

图66 西汉中期 日光（久长）铭草叶镜

直径：11.4厘米；重量：122克

铭文：见日之光，天下久长。

书体：汉篆

资料：《汉铭斋藏镜》图57

图67　西汉中期　日光（大昌）铭草叶镜

  在两句四言的西汉日光镜中，其第二句"天下大明"约占总数之半，余者多见"天下大阳""长毋相忘"等，少见"所言必当""服者君卿"等；"天下久长""天下大昌"，则属罕见者。此类镜直径多见汉尺5寸或6寸，少见汉尺7寸（16.17厘米）。

  "天下大昌"与"天下大明""天下大阳"的喻义应该大致相同，反映了西汉文景之治以后的社会面貌。"昌"字释明，《说文·日部》："昌，一日之光也。《诗》曰：'东方昌矣。'""昌"字亦谓昌盛，《尚书·洪范》："人之有能有为，使羞其行，而邦其昌。"

图67 西汉中期 日光（大昌）铭草叶镜

直径：15.9厘米；重量：342克

铭文：见日之光，天下大昌。

书体：汉篆、缪篆（遵古）

资料：《汉铭斋藏镜》图58

图68 西汉中期 日光（所言）铭简博草叶镜

本书图23、图54铭文对词义已有释读，于此不复赘述。此镜比其他同类镜多了一个TLV（博局纹）中的T纹，而LV纹省略，故镜名加以"简博"之称。其花瓣与四乳相结合，占用铭文方框四角，亦是一种构图特色。

"所言必当"一词经历了蟠虺纹(图23)、花瓣纹（图54、图61）、草叶纹（图68）、八龙草叶纹（图91）的不同时代，折射出西汉早中期相同的语言特色。

图68 西汉中期 日光（所言）铭简博草叶镜

直径：11.5厘米；重量：131克
铭文：见日之光，所言必当。
书体：汉篆
资料：《汉铭斋藏镜》图59

图69　西汉中期　日光（千秋）铭草叶镜

1968年，河北满城中山国靖王刘胜墓出土了一面汉尺9寸（20.7厘米）的16字草叶镜，铭文内容："长贵富，乐毋事，日有憙，常得所喜，宜酒食。"此镜与之比较，两者相同点是镜形规格、铭文方框、四乳钉均围以桃形瓣及十六内向连弧缘等；比较其不同点是铭文内容、伏兽钮与圆钮、铭文方框尖角外双龙围以草叶与草叶围以花瓣等，均非一致。刘胜墓可考年代，在汉武帝元鼎四年（前113年）。依据草叶形状与铭文内容的不同，此镜比刘胜镜似要稍早些，当铸于武帝早期。"服者"释读见图42。

此镜铭文的篆隶书体兼具秦篆与汉篆之韵味，也可说是增加了篆意的缪篆。半个世纪以来，研究简帛文字的论文有数百篇之多，而涉及镜铭文字之研究者不多。对隶变时代的有铭文物进行比较可知，镜铭文字的总量远远不如简帛文字（总数超过30万字），然从隶变趋势和文字美学的角度来看，镜铭文字仍有值得重视的研究价值。

图69 西汉中期 日光(千秋)铭草叶镜

直径:20.2厘米;重量:730克

铭文:见日之光,服者君卿,千秋万岁,愿毋相忘。

书体:秦篆、汉篆

资料:《清华铭文镜》图19

图70　西汉中期　日光（美人）铭草叶镜

20世纪50年代，成都羊子山工地出土了一面直径18.1厘米的草叶龙纹镜，其铭作："心思美人，毋忘大王。"本书图76铭文有曰："君王美人，心思可忘。"《中国铜镜图典》图201铭文亦为："见日之光，美人在旁。"这些铭文中的"美人"，皆指容貌美丽的女子。《六韬·文伐》："厚赂珠玉，娱以美人。"此镜铭文之"旁"字结构尤为优美。

从此铭内容可知，日光镜铭的口吻多以男性为主。陕西省淳化县博物馆藏一镜，其铭："见日之光兮，与君长毋相忘兮。"明显表示出女性（妻子）的口吻，而且使用了楚辞之文体。本书图86有"与君相骥，长乐无极"之铭，可供比对。

图70　西汉中期　日光（美人）铭草叶镜

直径：14.3厘米

铭文：见日之光，美人在旁。

书体：汉篆

资料：《尊古斋古镜集景》图126

图71　西汉中期　见光日阳铭草叶镜

此铭首句内容颇为罕见,加之"服"与"君"两字皆反书,令人注目。这种铭文的出现,存在两种可能:其一,设计者有意为之;其二,工匠粗心大意。因其铭文内容与本书前面数镜雷同,故省释读。

1990年,内蒙古准格尔旗纳林古城曾出土一面草叶纹镜,其铭:"见日之阳,天下大光,长毋相忘。"两镜铭文首句相类同,若非刻意"标新立异"之举,即是因工匠浅陋而为之,以致文义难以索解。

图71 西汉中期 见光日阳铭草叶镜

直径:11.2厘米;重量:172克

铭文:见光日阳,服者君卿。

书体:汉篆

资料:《汉铭斋藏镜》图60

图72　西汉中期　日出之光铭草叶镜

此铭书体较为特殊，与秦权、秦铜量较为接近。镜之前两句铭文较为少见，有若干出土镜例之数据可以比照：

（1）日出大明，天下大阳。（山东省寿光县三元村103号墓出土之草叶镜）

（2）日出大明，天下大阳。（山东省淄博市出土，《鉴耀齐鲁》图72-1）

（3）日出大明，长毋相忘。（陕西省岐山县帖家河出土之草叶镜）

（4）见日之光，有月之明。（山西省长治市店上乡出土之草叶镜）

参读可知，上述四镜铭文皆作八字，内容似同非同、大同小异。唯此镜为12字铭文。

图72　西汉中期　日出之光铭草叶镜

直径：11.4厘米；重量：202克

铭文：日出之光，若月之明，所言必当。

书体：汉篆

资料：《汉铭斋藏镜》图61

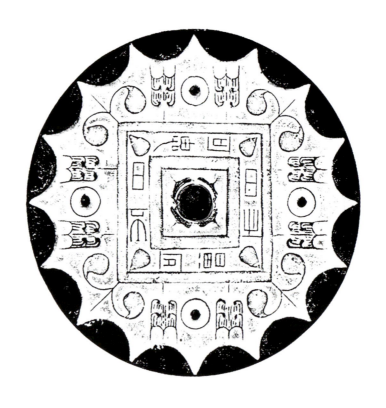

图73　西汉中期　日不可曾铭草叶镜

上句之"日"应作昔日、过去之解，《左传·文公七年》："日卫不睦，故取其地。"杜预注："日，往日。"下句之"日"当作日子、岁月之释，《左传·隐公元年》："众父卒，公不与小敛，故不书日。""曾"通层，即重叠之意。《楚辞·九章·橘颂》："曾枝剡棘，圆果抟兮。"洪兴祖补注："曾，重也。""思"喻义想望、期待。《诗·小雅·我行其野》："不思旧姻，求尔新特。"《史记·魏世家》："家贫则思良妻，国乱则思良相。"

此铭似可释读为："过去的时光不能重来，未来的岁月可以期待。"对于仕途挫折或是感情失落，皆可用此内容加以慰藉，故此铭既是劝诫语又可作广告词。《嘉德2012春拍》图1640为直径20.5厘米之龙纹草叶镜，其铭曰："不日可曾，而日可思，美人而去，何时幸来。"可作比对。

存世可见的草叶镜特殊铭文，常给人以惊鸿一瞥之感。孙小龙先生藏"后日尚益，长思不忘"铭草叶镜，直径11.3厘米。

图73　西汉中期　日不可曾铭草叶镜

直径：13.9厘米；重量：211克

铭文：日不可曾，而日可思。

书体：汉篆

资料：《汉铭斋藏镜》图62

图74　西汉中期　巧拙夬兮铭草叶镜

此铭释读关键字是第2句之第3字，查《睡虎地秦简》以及马王堆简"老子篇"，皆有此字，当释为"夬"。《易·夬》："夬，决也，刚决柔也。"引申为分辨、判断。

此铭应可作广告词来理解，即为："（用此镜）视察形容，（必将会）巧拙分明。"汉镜文化之多姿多彩，此镜可作一例。

图74 西汉中期 巧拙夬兮铭草叶镜

直径：8.8厘米；重量：60克

铭文：明视刑（形）容，巧拙夬矣。

书体：篆隶之间

资料：赵亚弟先生

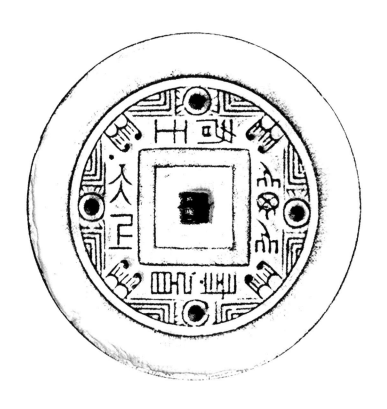

图75　西汉中期　天上（君王）铭草叶镜

《周易·小畜》："象曰：风行天上，小畜；君子以懿文德。"《广雅·释诂》："长，君也。"《史记·项羽本纪》："（鸿门宴上）范增起，出召项庄，谓曰：'君王为人不忍，若人前为寿……'"秦汉之际，"君王"是为尊称。

草叶铭文镜在钮座外多有镜铭方框，镜铭句式以多顺时针方向旋读的四言为主，镜铭字数主要有4字、8字、12字、16字、24字五种，以8字与12字居多，4字、16字与24字较少，24字铭文主要出现在带草叶的花瓣纹铭文镜中。《止水集·西汉铭文镜》表五有18面不同内容的多于16字（含16字）之铭文资料；表六有16面不同内容的少于16字之铭文资料。三弦钮始于战国，延续到西汉初，至西汉早中期已几乎不见，此镜当为三弦钮制式画上句号。《陈介祺藏镜》图1（直径9.0厘米）、《故宫藏镜》图25（直径8.8厘米）、《汉铭斋藏镜》图64（直径9.0厘米），皆系相同铭文内容，仅纹饰稍有差异。

此镜有诸多不同之处：

（1）铭文起首处饰小点作起讫符号，其旋读为少见的逆时针向。

（2）纹饰奇特，有光芒纹之带座四乳紧贴内缘内侧，其两边饰折线组纹。

（3）此镜既轻又薄，制作精良，版模出色，可见西汉青铜铸造高超的工艺水平。

（4）除此镜外，观察七面有据可查的此类镜，其书体大致相同，特色明显。

图75　西汉中期　天上（君王）铭草叶镜

直径：7.1厘米；重量：34克
铭文：天上见长，心思君王。
书体：篆隶、缪篆（合篆）
资料：《汉铭斋藏镜》图65

图76　西汉中期　君王美人铭草叶镜

此镜在设计之时，为防后人吟读时发生断句不当，有意在一周铭文之中，益以一少见之起讫符号，成为草叶镜类少见的特例。

作为一种猜测，此铭内容乃是一种借用士大夫口气的广告词："铜镜照容，自我陶醉，可将效忠君王、爱恋美人的心思都忘掉。"由此或可见武帝时期社会生活中夸张的商业特质。

另有一种猜测，从音韵学角度看，亦可能是当时工匠编排有误。如读"心思君王，美人可忘"似更通顺。

图76　西汉中期　君王美人铭草叶镜

直径：13.7厘米；重量：202克
铭文：君王美人，心思可忘。
书体：汉篆
资料：《汉铭斋藏镜》图66

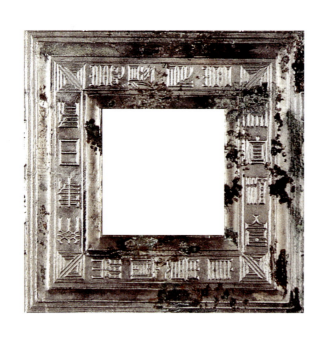

图77　西汉中期　长贵富铭草叶镜

此镜硕大无比，可称西汉草叶镜之最。本书200面汉镜图版的"标准尺寸"齐全，详见下表。表中"厘米"为标准寸折算之理论值（汉尺1寸为23.1厘米）。

标准	汉寸	3	4	5	6	7	8	9	10	11	12
	厘米	6.93	9.20	11.55	13.86	16.17	18.48	20.79	23.10	25.41	27.72
本书图号		43	45	54	51	94	151	156	145	161	77
器物直径		6.9	9.1	11.6	13.9	16.2	18.5	20.8	23.2	25.6	27.6
误差（±%）		−0.4	−1.1	＋0.4	＋0.3	＋0.2	＋0.1	0	＋0.4	＋0.7	−0.5

汉代铜镜以西汉、新莽时期的标准度较高，详见本书上册科技篇《西汉铭文镜度量标准研究》《新莽官制镜的标准与制式》。

西汉中期草叶镜铭文多见"长贵富"内容，亦见"富贵如言"，如《汉铭斋藏镜》图74为："富贵如言，长毋相忘。"孙小龙藏："富贵如言，幸毋见忘。"

图77　西汉中期　长贵富铭草叶镜

直径：27.6厘米；重量：1760克

铭文：长贵富，乐毋事。日有憙，得所喜，常宜酒食。

书体：汉篆

资料：《嘉德2006春拍》图2767、《镜涵春秋》图38

图78　西汉中期　结心相思铭草叶镜

　　此镜直径汉尺9寸，铭文较为罕见，在西汉草叶铭文镜中，有一定的代表性。其内容兼含相思文化与长寿文化，其尺寸、纹饰皆与河北满城中山国靖王刘胜墓出土之镜（直径20.7厘米）相近。

　　"结心"可释为积聚心中，有刻骨铭心之意。汉袁康《越绝书·外传计倪》："（伍子胥）三年自咎，不亲妻子，饥不饱食，寒不重彩，结心于越，欲复其仇。"

图78 西汉中期 结心相思铭草叶镜

直径：20.9厘米

铭文：结心相思，幸毋见忘，千秋万岁，长乐未央。

书体：汉篆

资料：日本东京五岛美术馆

图79 西汉中期 人得之志铭草叶镜

经陈佩芬老师指点得知，铭文方框20个字，先应跳开四角之字，从"人"字开始逆时针方向连读为："人得之志，平心服之，櫍与美食，夆子有年。"再接上方框四角之字："畉心蕊之。"此铭文的关键字是"畉"，中国古文字偏旁或在上或在左可以互换，而形成不同的字形，然喻义与读音皆不变。《玉篇》："畉，防无切，音扶。"《字汇》："畉，耕田也。"是"畉心"即为"耕田之心"。四角铭文中的第三字"蕊"还有其他的释读方案，但都不如此字喻义通顺，"蕊"有"贵"意，即为重视。这里用今天的语言来释读这段铭文："天下百姓都要懂得一个道理，上天赐给我们蜜糕与美食已有多年。在志向与意愿（如吃饱饭）得到满足的时候，绝对不能自满。一定要重视努力耕耘（即发展农业）的农政方针。"从其内容来看，此镜时代背景似在经济开始好转的文景之际。铭文告诫人们，即使今天已经过上了好日子，仍应居安思危，还要重视农政。

图79　西汉中期　人得之志铭草叶镜

直径：18.5厘米；重量：945克

铭文：人得之志，平心服之，榰与美食，㸒子有年。昳心蕊之。

书体：汉篆

资料：《景星麟凤2011迎春专拍》图1238

图80　西汉中期　身无悆则铭草叶镜

"与天无极"铭多见于花瓣纹镜（如本书图57、图58、图59），而少见于草叶纹镜。

铭文之"悆"，同怨，怨恨之意。《晋书·陆云传》："非兰悆而桂亲，岂塗害而錾利？""则"，通"贼"，作伤害解。《尚书·盘庚》中："汝有戕则在乃心。"杨树达《读书记》："则，假为贼。"又《老子》："物壮则老。"高亨《正诂》："则读为贼，害也。""身无悆则"故可释为："身上没有怨恨也不会受到伤害。""始日服者"，其文义较易于理解：即只要佩带此镜之人。始，初始；开始。其铭文从《说文》及《泰山石刻》式样，唯"女"字偏旁略有变易。"服"者，佩带也。《孙膑兵法·势备》："旦暮服之，未必用也。"

图80 西汉中期 身无窬则铭草叶镜

直径：18.2厘米；重量：507克

铭文：与天无极，身无窬则，始日服者，乐寿志得。

书体：秦篆汉篆过渡

资料：《嘉德2008秋拍》图4222

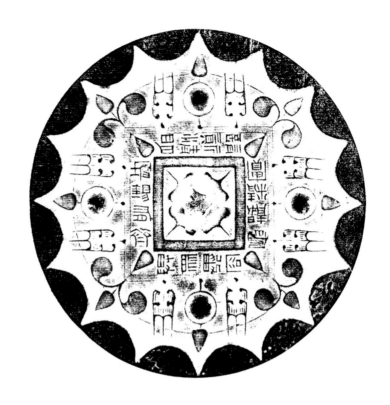

图81 西汉中期 瑖锡有齐铭草叶镜

此镜在诸多铭文草叶纹镜中,其尺寸属最小之列,在16字镜中汉尺6寸的等级也比较低。m值为1.55克/平方厘米,完全符合草叶镜的时代规律。镜铭文字颇为特殊,书体在篆隶之间却不够方正。镜铭内容既说了铜镜成分中含锡,又夸言铜镜的清明质量,这应是带有商业广告性质的镜铭之一。此镜奇特之处在于多字铭文的"直排阅读",这在其他镜例中较为少见。

"瑖"字查无出处,更不解其意,成为憾事。精实即精深朴实。清梅曾亮《李蕴山时义·序》:"而先生文精实宏博,非日诵经史习疏义者不能作。"

图81　西汉中期　瑅锡有齐铭草叶镜

直径：13.5厘米；重量：221克

铭文：瑅锡有齐，与众异容，为静精实，谓质清明。

书体：篆隶之间

资料：《长安汉镜》图版10-2、图11-3

图82　西汉中期　日有憙铭草叶镜

憙，即喜悦，喜好。《荀子·尧问》："楚庄王以忧，而君以憙。"《史记·高祖本纪》："诸所过毋得掠卤（掳），秦人憙，秦军解，因大破之。"《后汉书·东夷传序》："东夷率多土著，憙饮酒歌舞。"在古汉语中，亦可将"憙"释作光亮。

此镜版模精湛，品相上乘，表面多为水银沁，有少量硬质绿锈和红锈，在正反两面的锈斑上用放大镜可见布纹。此镜规整度很高却又较为轻薄，其单位面积重量为1.65克/平方厘米。说明两个问题：其一，汉初采矿、冶炼、铸制的总体能力有限；其二，文景之治的节俭风尚在汉武帝前期还有一个自然延续。相对而言，这是中国铜镜（特别是直径在汉尺8寸以上的大镜）由薄变厚之前的一个转折点。此镜铭文书体尤为方折，显现力度。

黄文杰《秦至汉初简帛文字研究》："本时期简帛文字形体有三个比较突出的特点：笔画平直化；结构上呈现出一种古文字起了变化而今文字尚未定型的过渡形式；一批富有特色的字形，偏旁和部首的出现。"

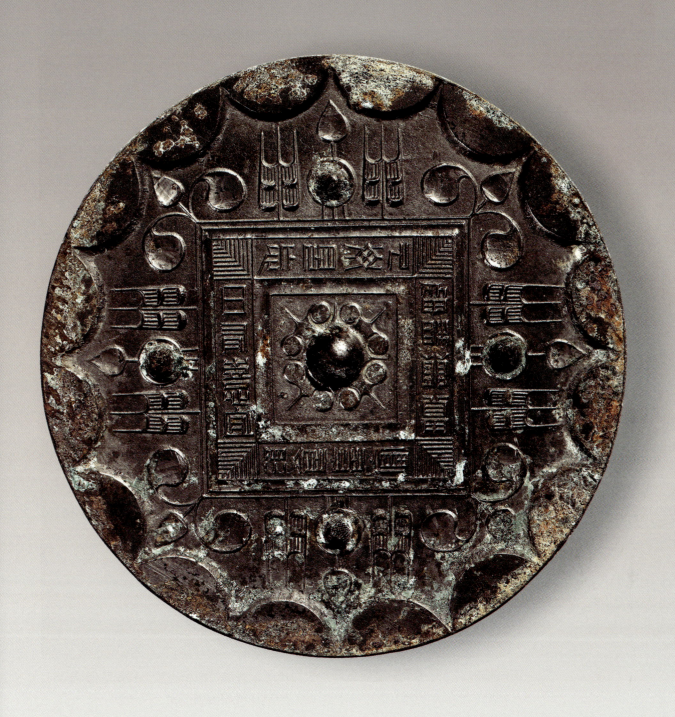

图82　西汉中期　日有憙铭草叶镜

直径：18.2厘米；重量：430克

铭文：日有憙，宜酒食，长富贵，愿相思，久毋见忘。

书体：汉篆，缪篆（方折）

资料：《清华铭文镜》图20

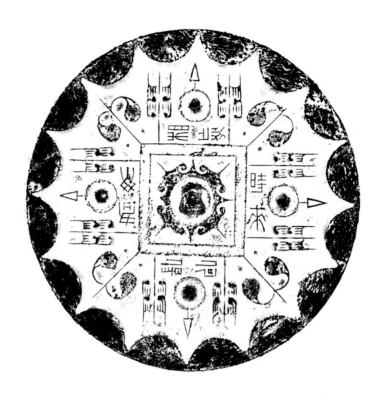

图83　西汉中期　时来何伤铭草叶镜

《楚辞·离骚》："虽萎绝其亦何伤兮。"《楚辞·九章·涉江》："虽僻远之何伤。""何伤"意为没有妨碍。《论语·先进》："子曰：'何伤乎？亦各言其志也。'"草叶铭文镜集中反映了西汉早中期的历史语言，详见《止水集·西汉铭文镜》。此镜铭文内容与布局方式皆为少见。本书图121铭文之末句："谤言众兮有何伤。"

一个客观存在的事实，草叶铭文镜以及之前各类镜种的镜铭，不论字数多寡，少有通假、错别、缺笔、反书和省偏旁等文字缺陷。林素清《春秋战国美术字体研究》："（美术字体）在西汉初早期流行的方格铭文带镜铭中见得十分清楚。这类铭文由于安排在方形范围由，因此无论篆体或隶体，皆力求方正，笔画间则多作调整……缪篆的形成和运用，应在西汉初到中叶之间。"

孙小龙先生藏同铭之镜，直径18.1厘米，比此镜大了约2汉寸的规格。

图83　西汉中期　时来何伤铭草叶镜

直径：13.8厘米；重量：235克
铭文：时来何伤，君毋相忘。
书体：汉篆，缪篆（方折）
资料：《清华铭文镜》图22

图84　西汉中期　愿长相思铭草叶镜

　　比较《汉铭斋藏镜》图45、图70及本图可知,其首句"愿长相思"均完全相同;次句大同小异,分别是"久毋见忘""幸毋相忘""长毋相忘"。

　　草叶镜尺寸规范,多为汉尺(23.1厘米)的整数寸,误差多在±3%以内,此镜即为-2%。草叶镜规格齐全,常见5寸、6寸、7寸、8寸、9寸等5个品种,其中尤以6寸最多;少见4寸、10寸、11寸、12寸等4个品种。

图84 西汉中期 愿长相思铭草叶镜

直径：13.6厘米；重量：237克

铭文：愿长相思，长毋见忘。

书体：汉篆

资料：《汉铭斋藏镜》图69

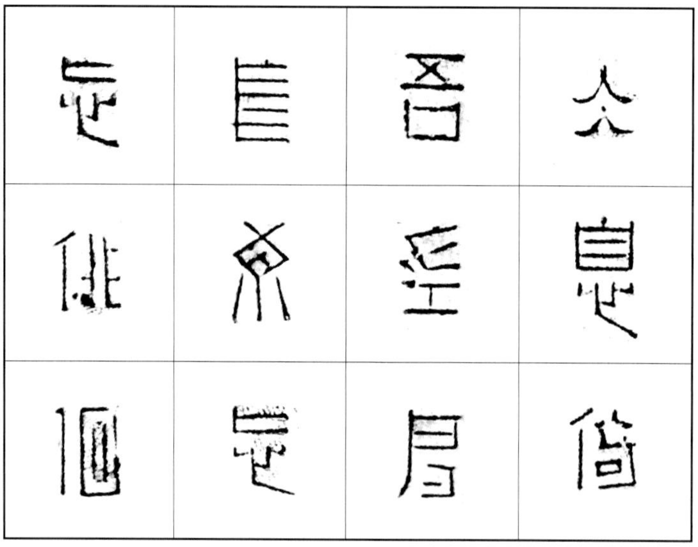

图85　西汉中期　忘徘徊铭草叶镜

倚：语气词，即"兮"。左：有疏远之意。《国语·晋语一》："夫太子，君之贰也，恭以俟嗣，何官之有？今君分之土而官之，是左之也。"韦昭注："左，犹外也。"这里可理解为"离开"。"房"可释妻室，《晋书·石崇传》："后房百数，皆曳纨绣，珥金翠。"

徘徊：在一个地方来回地走，犹豫不决。《汉书·杜钦传》："仲山父异姓之臣，无亲于宣，就封于齐，犹叹息永怀，宿夜徘徊，不忍远去，况将军之于主上，主上之与将军哉！"

这段罕见的、动人的4句三言12字铭文，似可读为：长长地叹息啊，迫我离开妻室，长久不能忘怀，那些留恋时光。

图85　西汉中期　忘徘徊铭草叶镜

直径：13.6厘米；重量：250克

铭文：太（叹）息倚，吾左房，长毋忘，忘徘徊。

书体：汉篆

资料：赵亚弟先生

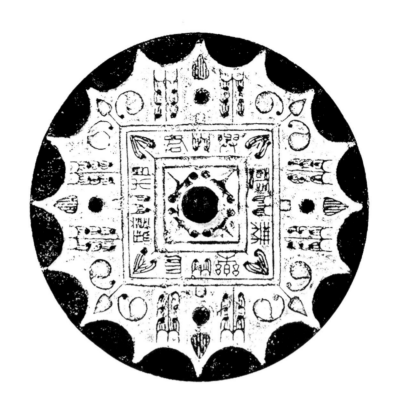

图86　西汉中期　与君相驩铭草叶镜

"驩"是"欢"的异体字。《荀子·大略》："夫妇不得不驩。"杨注："驩与欢同。"《吕氏春秋·顺说》："使天下丈夫女子莫不驩然，皆欲爱利之。"《淮南子·道应》："驩作欢。"《广州汉墓》出土之镜（本书图27）："常与君，相驩幸，毋相忘，莫远望。"其问世年代应在比此镜早的西汉早期，两镜比较，喻义相同。本书图70之说明部分，有铭："见日之光乎，与君长毋相忘兮。"

在汉代，无论是贵族妇女还是平民女性，都较她们的前辈同性有着更多的精神自由和更为宽松的生活空间。她们的意志更加独立，言行更加率性，感情也更加热烈奔放。爱是真爱，是地老天荒、海枯石烂般的爱。这类情感，不仅在镜铭而且在大量的汉乐府诗歌中亦可得到印证。

图86 西汉中期 与君相骥铭草叶镜

直径：16.1厘米；重量：375克

铭文：与君相骥，长乐无极。

书体：汉篆

资料：《汉铭斋藏镜》图71

图87　西汉中期　道路辽远铭草叶镜

　　此镜与本书图5为存世仅见的一对同铭之镜，详见图5说明。西汉初期因避淮南王刘长之"长"字讳，致使铭文末句大多将"长毋相忘"改成"修毋相忘"。至西汉中期，因刘长之叛逆而死，再行避讳已无必要，其仍然出现以"修"代"长"，很可能只是沿用成习，乃社会历史的一种惯性使然。

　　此铭内容是西汉相思文化的一种特殊表述方式。"君行卒，予志悲""君行有日返毋时"等铭文首句皆突出主语"夫君"，而此铭开句却从"君行"时的"道路"开始。"辽远"即遥远，《左传·襄公八年》："楚师辽远，粮食将尽，必将速归，何患焉？""关梁"即关口与桥梁，泛指水陆交通必径之处。《墨子·贵义》："商人之四方，市贾信徙，虽有关梁之难，盗贼之危，必为之。"

图87 西汉中期 道路辽远铭草叶镜

直径：16.1厘米；重量：420克

铭文：道路辽远，中有关梁（梁）。鉴不隐请（情），修毋相忘。

书体：汉篆

资料：《上海博物馆藏青铜镜》图30

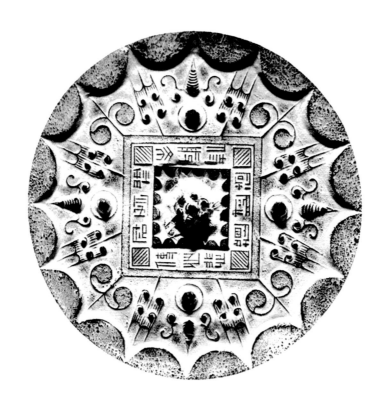

图88 西汉中期 秋风起铭草叶镜

由于战争、劳役、抗击匈奴等原因,致使千家万户妻离子散。西汉镜铭中的相思文化,从西汉初年开始,一直延续到汉武帝时期。此类镜铭即为西汉中期相思文化之代表作,存世铭文大同小异:

(1)秋风起,予志悲,久不见,侍前希。(《汉两京以来镜铭集录》)

(2)昔同起,予志悲,道路远,侍前希。(《小校经阁金文拓本》)

(3)君行卒,予心悲,久不见,侍前俙。(湖南长沙杜家山M797号墓出土)

(4)君行卒,予志悲,秋风起,侍前俙。(《浙江省出土铜镜·历代镜铭选录》图28)

(5)君行卒,予心悲,久不见,侍前俙。(《汉铭斋藏镜》图68)

此类镜铭末句皆为"侍前希",正是西汉镜铭相思文化的画龙点睛之笔:夫君出远门后,侍奉父母于床前只剩我一人了。《老子》七十章:"知我者希。"傅奕本希作稀。《文选》所载曹植《朔风》诗:"朱华未希。"李善注:"希与稀同,古字通也。"

图88　西汉中期　秋风起铭草叶镜

直径：18.5厘米；重量：727克
铭文：秋风起，使心悲，道路远，侍前希。
书体：方折汉篆
资料：《嘉德2011秋拍》图44

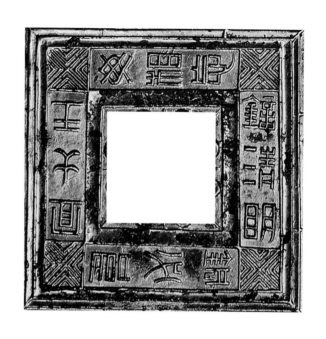

图89 西汉中期 镜清明铭草叶镜

此镜铭文前两句当是说铸镜对铜质的要求,表明若使铜镜清明,必须采用优质青铜,明显带有自夸自诩之商业广告性质。一般说来,西汉镜铭中自我夸奖铜镜质量的广告词不少,如"服者君卿""服者君王""此镜甚明""镜以此行""湅治铜华清而明"等,可谓一种时代特色。

图89　西汉中期　镜清明铭草叶镜

直径：18.1厘米；重量：502克

铭文：镜清明，铜必良，宜大王，毋相忘。

书体：汉篆

资料：《华夏2010春拍》图2630

图90　西汉中期　必忠必信铭八龙草叶镜

　　本书图135是西汉晚期的铭重圈镜，且有释读，其内圈铭文："居必忠必信，久而益亲，而不信不忠，久而自穷。"此镜与之相比，少了两字，换了一字，仅将"益"字易为"必"字。孙小龙先生藏八字花瓣草叶镜（直径13.8厘米），其铭："必忠必信，久而必来。"

　　"忠"字通常有三解：其一，忠诚无私；尽心竭力。《左传·成公九年》："无私，忠也。"其二，特指事上忠诚。《尚书·伊训》："居上克明，为下克忠。"孔传："事上竭诚也。"其三，忠厚。《楚辞·九歌·湘君》："交不忠兮怨长，其不信兮告余以不闲。"王逸注："忠，厚也。"

　　"信"字主要有两解：其一，诚实不欺。《论语·学而》："为人谋而不忠乎？与朋友交而不信乎？"其二，守信用，实践诺言。《左传·宣公二年》："贼民之主，不忠；弃君之命，不信。"《国语·晋语二》："吾闻之，申生甚好信而强，又失言于众矣，虽欲有退，众将责焉。"韦昭注："信，言必行之。"

　　本书图63是一面比草叶镜要稍早些的花瓣镜，其铭："与人无极，天必利之。"这两面反映儒家思想铜镜的同时出现，既对中国古代思想史和文化史的研究提供了重要的实物依据，同时，又可相对证明这两面铜镜的问世年代在汉武帝前期。详见本书上册哲学篇《西汉中期镜铭之儒家思想》。

图90 西汉中期 必忠必信铭八龙草叶镜

直径:18.2厘米;重量:529克

铭文:必忠必信,久而必亲,不信不忠,久而自穷。

书体:汉篆

资料:《汉铭斋藏镜》图75

图91　西汉中期　镜以此行铭八龙草叶镜

此镜草叶为初期形态，或可认为与花瓣镜同一时代的西汉早中期。本书图61系铭文完全相同之花瓣镜，两镜年代应相差不远。详见图61之文字说明。

此镜可谓西汉镜铭文化之综合载体："镜以此行""服者君卿"乃广告用词，"所言必当"是做人要求，"千秋万岁"即长寿文化，"长毋相忘"属相思文化。此镜与图61的五句四言20字铭文，为研究汉代文化之重要资料。

图91 西汉中期 镜以此行铭八龙草叶镜

直径：20.5厘米；重量：769克

铭文：镜以此行，服者君卿，所言必当，千秋万岁，长毋相忘。

书体：秦篆、缪篆

资料：《南阳出土铜镜》图版40-1

图92　西汉中期　日光（敬毋）铭草叶镜

　　樋口隆康《古镜·图录》图46（现藏东京五岛美术馆）、《止水集·西汉铭文镜》表五序16镜与此镜比较，三镜似为同模，其首句皆为"见日光"，缺了"之"字。唯此镜为出土器物，故可作比对标准。

　　本书图4铭文为相思文化，"慎毋相忘"一语在西汉早中期尚多见之："长毋相忘""修毋相忘""常毋相忘""愿毋相忘""君毋相忘""久毋见忘""幸毋相忘"等均是，唯此镜"敬毋相忘"。"敬"字有两释：其一，释作慎，《韩非子·喻老》："此皆慎易避难，敬细以远大者也。"陈奇猷《集释》："敬读为慎。"其二，释作更，《维摩诘经讲经文》："会终十善重仏僧，敬莫交身沉六趣。"蒋礼鸿《通释》："这两个'敬'字都应解释作更。"

图92　西汉中期　日光（敬毋）铭草叶镜

直径：13.6厘米；重量：348克
铭文：见日光，天下大阳，服者君卿，延年益寿，敬毋相忘，幸至未央。
书体：秦篆汉篆过渡
资料：《南阳出土铜镜》图版54-2

图93　西汉中期　此镜甚明铭草叶镜

此铭与本书图51铭文前两句完全相同,汉镜文化的传承性由此可见一斑。对照《说文解字》可知:图51镜之"此"字为正书。此镜之"此"字系反书,若非两镜比较,或许会对释读带来困难。再看本书图91"镜以此行"之"此"字,其右侧的"匕"字竖笔没有弯折,而此镜之"此"字,虽粗看为"仙"字,事实上其右侧的"匕"字竖笔下方有弯折,差别明显可见。

图93　西汉中期　此镜甚明铭草叶镜

直径：11.2厘米；重量：200克
铭文：此镜甚明，服者君卿。
书体：汉篆
资料：《鉴耀齐鲁》图64-2

图94　西汉中期　上高堂铭草叶镜

"高堂"系指高大的厅堂。《楚辞·招魂》："高堂邃宇，槛层轩些。"王逸注："言所造之室，其堂高显。"《后汉书·马融传》："常坐高堂，施绛纱帐，前授生徒，后列女乐。"芋乃"竽"之别字，也因铸镜时省笔使然。《史记·苏秦列传》："临菑甚富而实，其民无不吹竽鼓瑟，弹琴击筑。""竽瑟会"指诸乐齐鸣，联系上句意为音乐侍奉。

此铭展现了汉人的生活场景：走向高大宽敞的厅堂，在专供吃喝玩乐的东厢房，欣赏动人的音乐，享受美酒与佳肴，其乐无比。

本书图36"上东相铭纯文连弧镜"表明，在西汉早期就已经用上了"东相"一词。

图94　西汉中期　上高堂铭草叶镜

直径：16.2厘米；重量：322克

铭文：上高堂，临东相，芋瑟会，酒食芳。

书体：汉篆

资料：《汉铭斋藏镜》图76

图95　西汉中期　从酒东相铭草叶镜

据同音通假一般规律，"从"，通"纵"。"从酒"通"纵酒"，也即恣意饮酒。《礼记·曲礼上》："敖不可长，欲不可从，志不可满，乐不可极。"陆德明释文："从，放纵也。"晋葛洪《抱朴子·酒诫》："目之所好，不可从也。"《晏子春秋·杂下十三》："田桓子曰：'何谓从酒？'晏子曰：'无客而饮，谓之从酒。今若子者，昼夜守尊，谓之从酒也。'"此铭直释其意是："汇集高堂的东厢畅怀饮酒，欢聚豪饮的乐趣无有穷尽。"

本书图98、图99铭文"从酒高堂"与此镜之"从酒东相"所言一样，均指高敞气派之厅房。孙小龙先生藏主纹为博局草叶之同类镜（直径12.7厘米），其铭："置酒东相，长毋见忘。"

图95 西汉中期 从酒东相铭草叶镜

直径：11.2厘米；重量：133克

铭文：从酒东相，长乐未央。

书体：汉篆

资料：《汉铭斋藏镜》图77

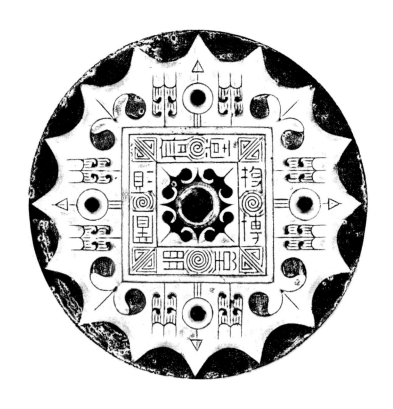

图96 西汉中期 投博（置酒）铭草叶镜（一）

《史记·滑稽列传》："州闾之会，男女杂坐，行酒稽留，六博投壶，相引为曹。"《史记·货殖列传》："博戏，恶业也，而桓发用之富。"《说文解字》："簙（即博），局戏也，六箸十二棋也。古者乌曹作簙。""投博至明"，谓从晚上一直博戏到天明，汉人通宵达旦以博戏与喝酒为乐的生活场景于此镜铭中栩栩如生，历历在目。《楚辞·招魂》篇中"菎蔽象棋……反故居些！"一共22句88字，描绘了楚人投博、饮酒之场景与过程。镜铭"投博至明，置酒高堂"可说是此88字的缩写，从中可见，楚文化对汉文化的影响无处不在。

从战国至秦汉，投博（最早博戏形式）或投壶（多在宴会礼制）之类皆为古人之主要娱乐活动形式。"博"就是古代"博局"与"六博"的简称，然中外学者研究多年，至今尚未破解其游戏规则，以致留下了"千古之谜。此镜单位面积重量2.55克/平方厘米，可谓厚重。

图96 西汉中期 投博(置酒)铭草叶镜(一)

直径:13.8厘米;重量:381克

铭文:投博至明,置酒高堂。

书体:缪篆(增篆、变篆)

资料:《清华铭文镜》图23

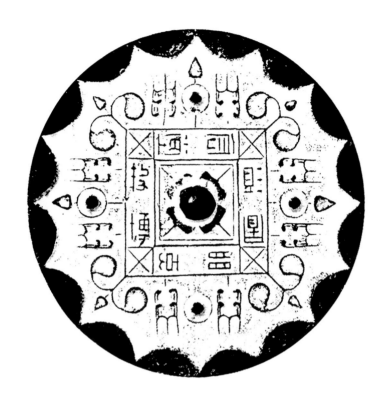

图97　西汉中期　投博（置酒）铭草叶镜（二）

此镜草叶主纹以及铭文内容与本书图96皆同，唯"至"字下部之"土"有减笔。见诸书刊之相同铭文镜还有一面，即《三槐堂藏镜》附录一，彼镜尺寸远过于此，直径20.7厘米。此三镜直径分别为汉尺标准之5寸、6寸、9寸。

"投博"一词有两种释读，"投"作形容词时，"投博"即为博戏。"投"作名词时，"投博"即为"投壶、博戏"。投壶是古代宴会的一种礼制，《礼记·投壶》有载：宾主依次用矢投向酒器的壶口，以投中多少决出胜负，负者饮酒。《左传·昭公十二年》："晋侯以齐侯宴，中行穆子相。投壶，晋侯先，穆子曰：'有酒如淮，有肉如坻。寡君中此，为诸侯师。'中之。"《后汉书·祭遵传》："对酒设乐，必雅歌投壶。"似此，均可见汉代投博之流风兴盛。

图97 西汉中期 投博(置酒)铭草叶镜(二)

直径:11.4厘米;重量:129克

铭文:投博至明,置酒高堂。

书体:汉篆

资料:《汉铭斋藏镜》图78

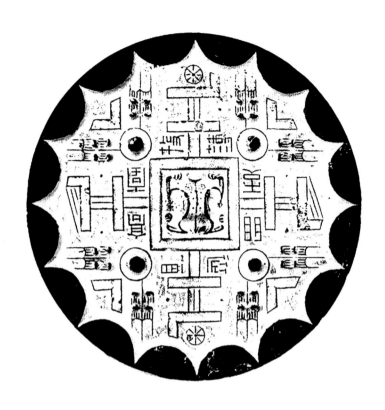

图98　西汉中期　投薄（从酒）铭博局草叶镜（兽钮）

　　"薄"通"搏"，"搏"假借为"博"。汉张衡《东京赋》："薄狩于敖。"李善注引《诗经》"薄狩于敖"，又《山海经·西山经》："西望帝之搏兽之山。"郭璞注："搏或作薄。"《汉书·货殖传》："掘冢搏掩。"颜师古注："搏字或作薄。"此铭"投薄"即为"投博"。

　　《三槐堂藏镜》附录一、本书图96、图97等三镜第二字皆为"博"、第五字都是"置"。此镜与《汉铭斋藏镜》图80两镜第二字皆为"薄"、第五字都是"从"。由此可知，此类镜用词多有关联的要求：主纹为花瓣草叶时，其铭"投博"与"置酒"互为关联；主纹为博局草叶时，其铭"投薄"与"从酒"互为关联。其次，同类镜多见圆钮，而此镜系少见之兽钮。

图98 西汉中期 投薄(从酒)铭博局草叶镜(兽钮)

直径:13.7厘米;重量:223克

铭文:投薄至明,从酒高堂。

书体:汉篆

资料:《汉铭斋藏镜》图79

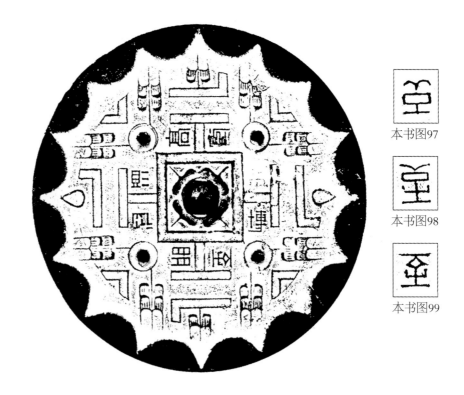

图99　西汉中期　□博（从酒）铭博局草叶镜

此镜有着鲜明独特的"个性"：其一，本书图98、《汉铭斋藏镜》图80铭文均为"投薄"与"从酒"组合，此镜却不按常规；其二，TLV博局纹的L纹内，有两组奇特的细部纹饰，一组为单选草叶，另一组是花瓣；其三，第五字"至"有了明显的隶变。

《三槐堂藏镜》附录一，《山东省博物馆·铜镜卷》图10，《清华铭文镜》图14、图18，本书图78、图79、图80等7镜中，皆有大同小异的汉篆书体"至"字。细看此铭之"至"字，第一笔出现了"波磔"，显然已接近隶书。可知，中国古文字演变成今文字的"隶变"，正在此（西汉中期）前后。此镜当可成为汉字隶变的一个经典镜例。

图99 西汉中期 □博(从酒)铭博局草叶镜

直径：13.6厘米；重量：212克
铭文：□博至明，从酒高堂。
书体：汉篆、汉隶
资料：《汉铭斋藏镜》图81

图100　西汉中期　悲秋华铭草叶圈带镜

　　镜铭之首句"华之不实"谓花而无果,喻外表好看而内里虚空。语本《左传·文公五年》:"且华而不实,怨之所聚也。"《国语·晋语四》:"华而不实,耻也。"至今,"华而不实"已为成语被广泛运用。"不鲠",谓不正直。鲠之原意指鱼骨、鱼刺,故带有直、硬之意。《韩非子·难言》:"鲠固慎完,则见以为拙而不伦。"即取此意。据此可明白:此铭文乃是徒有虚位空名的臣子,被疏远而不得升迁成为宠臣亲信时的牢骚与怨语。亦有可能是因遭贬远放,如屈原、贾谊一类的谪宦远臣,在悲秋感时而铸作。

图100 西汉中期 悲秋华铭草叶圈带镜

直径：15.7厘米；重量：385克

铭文：悲秋华之不实兮，守空名兮之不鲠兮，虽疏远兮而希僶兮，言信白而不可信兮。

书体：方折篆隶

资料：《止水集·西汉铭文镜》图6-6

午类

西汉　圈带铭文镜

图101　西汉中晚　久不相见铭圈带镜

此镜是日光镜的一个特殊品种，其制式、尺寸、书体等皆与日光镜相似，唯铭文内容不同而已。《三槐堂藏镜》图38（直径7.3厘米、重量76克）与此镜似为同模。《长安汉镜》的92面日光镜中，未见此铭文镜。西汉初年兴起的相思文化到西汉中晚期还有发展，说明了传统文化的延续性。江苏省邗江县5号墓有出土器物，其墓葬年代为汉宣帝本始四年（前70年）。

西汉中晚期时，汉尺6寸（13.86厘米）以下之中小型铭圈带镜，主要是"日光"与"昭明"两个大类。罕见的铭文品种有"见日之光，明心悲天"；"姚皎光而耀美，得并执（势）而不衰，精昭折而侍君"；"君行有日毋返时，端正心行如妾在，时心不端行不正，妾行为之，君能何治"；"行有日兮返毋时，结中带兮长相思，妾负君兮万不疑，君负妾兮天知之"；"毋弃故兮而娶新，亦成亲，心与心，长毋相忘，俱死葬何伤"；"君有行，妾有忧，行有日，返毋时，愿君强饭多勉之，仰天大息长相思"；"悲秋华之不实兮"等，不一而足。

图101　西汉中晚　久不相见铭圈带镜

直径：7.3厘米；重量：81克
铭文：久不相见，长毋相忘。
书体：篆隶（浮雕）
资料：《清华铭文镜》图26

图102　西汉中晚　昭明铭圈带镜

《长安汉镜》第105页载："昭明镜的数量少于日光镜，但相对其他镜类，数量最多，约占出土两汉铜镜总数的九分之一，日光镜与昭明镜的总和占去了同时期铜镜的绝大多数。"昭明镜铭文的相对标准内容为四句六言共24字，在存世的诸多器物中，昭明镜有着较多的"粗制滥造"，缺字、多字、减笔、通假、错别、反书、省偏旁等文字缺陷比比皆是。究其原因，当时的铜镜铸制及使用趋于平民化和大众化，民间铸镜的随意性导致镜铭文化的良莠不齐。

此镜可谓昭明镜之标准器：其一，四句六言24字，不多不少；其二，几乎没有文字缺陷（少量减笔是由于采用了高浮雕工艺，节省笔画成为必然）；其三，每句六言之间，皆用斜"田"字纹作为间隔符号。昭明铭文释考详见本书上册证史篇《西汉昭明镜铭文释考与研讨》。

图102　西汉中晚　昭明铭圈带镜

直径：12.5厘米；重量：312克

铭文：内清质以昭明，光辉象夫日月，心忽穆而愿忠，然壅塞而不泄。

书体：缪篆（美化、讹变）

资料：《汉铭斋藏镜》图87

图103　西汉中晚　清白铭圈带镜

此铭文字缺陷甚多，几乎不可卒读。在西汉中晚期单圈制式的清白铭内容中，几乎找不到文字齐全的镜例。清白镜铭文八句六言48字的标准读法偶见于重圈制式：

絜清白而事君，怨汢骧之弇明，
微玄锡之流泽，恐疏远而日忘，
怀靡美之穷體（躬体），外承骧之可说，
慕窈窕之灵景，愿永思而毋绝。

"清白"铭首字之"絜"文意多种，这里有使用之意。《史记·乐毅列传》："忠臣去国，不絜其名。"亦指廉洁。晋刘陶《告庐江郡教》："征士杜君，德懋行絜。"全铭释考参见本书图17、图18、图19、图20之说明。

图103　西汉中晚　清白铭圈带镜

直径：17.6厘米；重量：764克

铭文：絜清白而事君，志沄之弇明，微玄锡而流泽，
　　　恐疏而忘，美人，外承可，兑（悦）灵景，愿永思。

书体：缪篆

资料：《汉铭斋藏镜》图88

图104　西汉中晚　铜华（寿敝金石）铭圈带镜

"银黄"指代白银与黄金。《韩非子·解老》："隋侯之珠，不饰以银黄。""令名"喻义美好的声誉。《左传·襄公二十四年》："侨闻君子长国家者，非无贿之患，而无令名之难。"此镜铭文有几个特点：

1. 文体四言，一改西汉中晚期圈带铭文镜多以三言、六言、七言为主的习惯，致使文体更显多样化。

2. 起首两句，详尽描述铸制过程对铜质纯净与配比组成的要求。在科技层面上，中国铜镜本体没有含银与含金的实例，白银与黄金仅指鎏银或鎏金时所用之材料。

3. 若干西汉末至新莽时期方才常见的镜铭用词，如"令名""寿敝金石"等，提前在此镜铭文中出现。

4. 末尾两句，与众不同，别有情趣。"与天"四言多见者为"与天毋极""与天相寿""与地相长""与美相长"等。"毋伤"四言多见者为"时来何伤"（《清华铭文镜》图22）、"君来何伤"（本书图46）、"久浮何伤"（《汉铭斋藏镜》图72）、"侍来何伤"（《汉铭斋藏镜》图73）等。"与天为常，善哉毋伤"之铭仅见于此镜。

图104 西汉中晚 铜华(寿敝金石)铭圈带镜

直径:18.9厘米;重量:873克

铭文:清练铜华,杂锡银黄,以成明镜,令名文章,延年益寿,长乐未央,寿敝金石,与天为常,善哉毋伤。

书体:方正汉隶

资料:《汉铭斋藏镜》图90

图105　西汉中晚　铜华（与天长久）铭圈带镜

此镜铭文特殊之处在第四句，改"与天毋极"为"与天长久"。"长久"即"持久"。《国语·越语下》："其君臣上下皆知其资财之不足支长久也。""与天毋极"是西汉长寿镜铭文化中常见的词组，在瓦当文字亦多有出现。《清华铭文镜》图17有言："西汉镜铭内容多见长寿文化，主要有'千秋万岁'、'延年益寿'、'延年千岁'、'寿至未央'、'与天毋极'、'与天相寿'、'与天长久'等。"镜铭"与天长久"当属于少见内容，此镜第五句缺"秋"字且改"岁"为"旦"。古时"旦"有"生日"之说，故似可理解为"岁"意。与常规铭文比较，此镜第六句改"长乐"为"而"。而，语助词，表示承递。如《荀子·劝学》："玉在山而草木润。"

首句铭文"湅治铜华清而明"镜类的形制粗分有以下三种。

（1）周铭纯文类（多见），如《清华铭文镜》图31、图32等，本书图104、图105、图106、图107、图108等。

（2）框铭四灵博局类（少见），如《止水集·西汉铭文镜》图10-1、图10-2；

（3）周铭四灵博局类（罕见），如《泓盛2012秋拍》图58。

图105 西汉中晚 铜华(与天长久)铭圈带镜

直径:17.5厘米;重量:806克

铭文:涑治铜华清而明,以之为镜宜文章,长年益寿去不羊,
与天长久而日月之光,千万旦而未央。

书体:方正汉隶

资料:《汉铭斋藏镜》图91

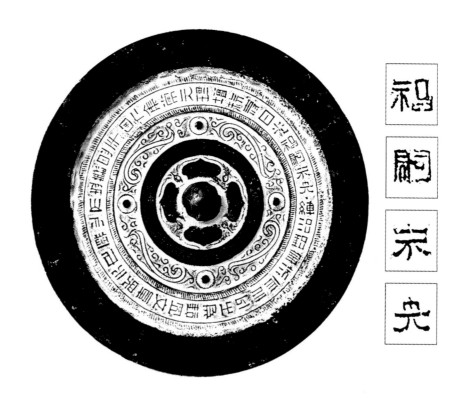

图106　西汉中晚　铜华（福嗣未央）铭圈带镜

此镜铭文共有六句，铭文内容兼具儒家与道家两种思想，在西汉铜华镜中可说比较罕见。

义，即符合正义或道德规范。《论语·述而》："不义而富且贵，于我如浮云。"亦指善良或善良的行为。《书·皋陶谟》："强而义。"王引之《经义述闻·尚书上》："义，善也。谓性发强而又良善也。""义思平回仁集常"句在西汉镜铭中罕见且难释。仁，是古代一种含义极广的道德观念。其核心指人与人相互亲爱，孔子以仁作为最高的道德标准。《礼记·中庸》："仁者人也，亲亲为人。"《论语·颜渊》："樊迟问仁。子（孔子）曰：'爱人'。"

天理，即天道，自然法则。《庄子·天运》："夫至乐者，先应之以人事，顺之以天理。"《韩非子》中多有论述。秩，十年为一秩。唐白居易《思归》诗："已开第七秩，饱食仍安眠。"

此镜之关键句当在末句之"福嗣未央"，意即"福及子孙，无穷无尽。"凡富贵寿考、康健安宁、吉庆如意、全备圆满皆谓之福。《尚书·洪范》："五福：一曰寿，二曰富，三曰康宁，四曰攸好德，五曰考终命。"嗣，子孙，后代。《书·大禹谟》："罚弗及嗣，赏延后世。"《晋书·王浚传》："昔汉高定业，求乐毅之嗣。"《楚辞·离骚》："及年岁之未晏兮，时亦犹其未央。"王逸注："央，尽也。"

图106　西汉中晚　铜华（福嗣未央）铭圈带镜

直径：16.5厘米；重量：614克

铭文：练治铜华清而明，以之为镜宜文章，与天毋极心不忘，
　　　义思平回仁集常，天理增秩寿日光，福嗣未央。

书体：方正汉隶

资料：《汉铭斋藏镜》图92

图107　西汉中晚　铜华（游中国）铭圈带镜

  此镜全铭46字，可列西汉中晚期单圈铭文数字之最。"浪"通假"烺"，见本书图55之文字说明。其"铭文内容颇与众不同：其一，前两句在通常的"清浪"七言铭文后，分别加上了两个"乎"字；其二，其余内容以三言为主，"辈徊"之"辈"字显为"裵"，或"裴"字之形误。按原文应作"徘徊"，通"裵徊"或"裴回"。《史记·司马相如传》："于是楚王乃弭節裵徊，翱翔容与。"《汉书·李夫人传》："哀裵徊，踌躇。"又，《汉书·礼乐志·郊祀歌》："神裵回，若留放。"《后汉书·苏竟传》："裴回藩屏。"可知，铭文中"辈徊"之"辈"字乃工匠"裵"或"裴"之误字。其三，末两句铭文"游中国，时来盥"十分罕见，这里的"盥"字若是认读正确时，可释作祭名，即灌祭，酹酒浇地以降神。《易·观》："盥而不薦，有孚顒若。"李鼎祚《集解》引马融曰："盥者，进爵灌地，以降神也。"古文中多见"时来归"。

  此外，此镜铭文的"放射形"排列方式亦颇少见。

图107 西汉中晚 铜华（游中国）铭圈带镜

直径：18.2厘米；重量：719克

铭文：清浪铜华以为鉴乎，炤察衣服观容貌乎。丝组缓，秋风起，心甚悲。
　　　时念君，立辈回（徘徊）。常客君思不可为。游中国，时来盟。

书体：篆隶之间

资料：千石唯司《中国王朝的粹》图52

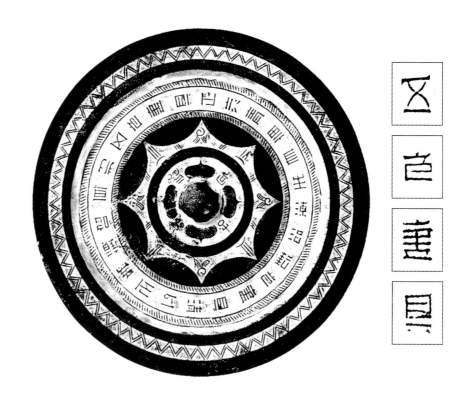

图108　西汉中晚　铜华（五色尽具）铭圈带镜

此铭亦铜华镜类中之罕见品种。1934年，刘体智在《小校经阁金文拓本》与《善斋吉金录》两书中，同时刊载了应为同一器物之铭重圈镜。其铭内圈作："长宜子孙。"外圈云："湅治铜华得其清，以之为镜昭身刑，五色尽具正赤青，与君无亟毕长生，如日月光兮。"此镜与之相比大同小异，只因直径较小，空间有限，儘管是单圈铭文，故还是少了文字。

"五色"即青、赤、黄、白、黑五种颜色，古代以此五者为正色。《尚书·益稷》："以五采彰施于五色，作服，汝明。"孙星衍疏："五色，东方谓之青，南方谓之赤，西方谓之白，北方谓之黑，天谓之玄，地谓之黄，玄出于黑，故六者有黄无玄为五也。"此铭第三句既明指古代炼铜时的技术关键，又暗喻铸造铜镜时要符合五行。遍检存世约十种铜华镜的铭文内容，皆涉及对冶湅与铸造的技术要求，故铜华镜的"科技含量"可谓高矣！

图108 西汉中晚 铜华（五色尽具）铭圈带镜

直径：14.2厘米；重量：500克

铭文：湅治铜华尽具清，以之为镜昭身刑（形），五色尽具正赤青，毕（必）长生。

书体：方正汉隶

资料：《汉铭斋藏镜》图94

图109　西汉中晚　皎光铭圈带镜

此镜属文字硕大而奇特的皎光镜，其铭有多处与众不同。在《中国文化》2012年第35期中，李零先生提出：此铭第一句"曜美"之"曜"字写法从日从俞，俞是毓的误写；第六句"昭折"之"折"字写法从日从制，见《集韵·祭韵》，字同"晣"，折与制古书常通假，如"折狱"同"制狱"，"制衣"作"袚衣"。

屈原《离骚》借香草美人而喻明君。此镜有异曲同工之妙，借铜镜的清明来比喻月亮的皎洁。镜铭通篇内容大意谓忠君，托言美人在镜用情专一而不迁，言"侍君"如侍美人。"姚"读"眺"（李文），李零先生将此铭释读为：眺望星空，月光皎洁，明亮又美丽，何不乘此良宵美景，带美人来赏月。哪怕你暗自观察百般挑剔怨恨我，我会把我的爱深藏心底，永不变心。但愿与你携手，白头到老，请让我像这轮明月，明亮皎洁，陪伴你。

图109　西汉中晚　皎光铭圈带镜

直径：18.0厘米；重量：701克

铭文：姚皎光而喻（曜）美兮，挟佳都而承闲。怀驩察而惠予兮，
　　　爱存神而不迁。得并执而不衰兮，精昭晰（晳）而侍君。

书体：汉隶

资料：《汉铭斋藏镜》图95

图110　　西汉中晚　　日有熹铭圈带镜（一）

　　此镜铭文当在书体工整与内容齐全之列。全铭由两句三言和四句七言组成，基本上没有文字缺陷。此镜与若干西汉中晚期镜铸造相同，对文字采用了"浮雕"工艺，因文字线条的面小底大，致使拓片效果出现了每一笔画起落处皆有尖角突出的放大假像，事实上铭文书体属方正汉隶。台北所藏一镜与此镜比较，仅末句一字之差，"兮"改作"乎"。

　　《周易·系辞》："《易》之兴也，其于中古乎？作《易》者，其有忧患乎？"《庄子·骈拇》："天下诱然。诱然者，曲者不以钩，直者不以绳，圆者不以规，方者不以矩，附离不以胶漆，约束不以纆索。故天下诱然，皆生而不知其所以生。"

　　《长安汉镜》第121页载："（日有熹镜的）时代下限应在西汉晚期。"存世所见之"日有熹"铭文镜的前三句皆同，第四句有"宜酒食"（图110）与"常得意"（图111）之分，并随之形成两类不同的内容。概括而言，西汉中晚期大尺寸铭文镜的分类数量大致如下：清白镜、皎光镜、君忘忘镜皆是各有一类，日有熹镜有两类，铜华镜在六类以上。

　　另有同类镜铭与此镜相比大同小异，异在此镜的两句七言各少一字而改成了三言，说明西汉镜铭文体的多样性。同样的内容读法不同，予人感觉不一。本书图94镜有铭："上高堂，临东相，芊瑟会，酒食芳。"诵读此类铭文，可见汉代"酒食文化"之一斑。详见本书上册民俗篇《西汉镜铭酒文化》。

图110 西汉中晚 日有熹铭圈带镜（一）

直径：17.4厘米；重量：821克

铭文：日有熹，月有富。乐毋有事宜酒食，居而必安毋忧患。
　　　竽瑟侍兮心志驩，乐已哉兮固常然。

书体：方正汉隶

资料：《汉铭斋藏镜》图96

图111　　西汉中晚　　日有喜铭圈带镜（二）

此镜前八句容易理解，无须赘述。第8句之"正"字，清晰无误。"老复丁，死复生"反映了西汉中晚期人生追求的豪言壮语，《史记·律书》："丁者，言万物之丁壮也，故曰丁。"西汉元帝时期，黄门令史游《急就篇》赞曰："汉地广大，无不容盛。万方来朝，臣妾使令。边境无事，中国安宁。百姓承德，阴阳和平，风雨时节，莫不滋荣。灾蝗不起，五谷孰成。贤圣并进，博士先生。长乐无极老复丁。"镜铭证史可谓确也！镜铭意指人在年老了之后可以再变年轻，人死去之后还可以再活过来，表达了汉人渴望实现生命无限延长与再生的愿望。

铭文最后两句"醉不知，醒旦醒"。文中虽未出现"酒"字，却将饮酒的过程与状态描绘得栩栩如生。"醒"字起源很早，意为酒醉后神志不清的状态。《诗·小雅·节南山》："忧心如醒，谁秉国成。""醉不知，醒旦醒"可释读为：醉酒以后竟浑然不知，这种神志恍惚的状态（醒）一直到第二天早上（旦）才恢复过来（醒）。今天的人们都认为过量饮酒有碍健康，而在古代，人们却认为大量饮酒是一种享受，一股豪气。李白《将进酒》诗"五花马，千金裘，呼儿将出换美酒，与尔同销万古愁"，可视为对古代酒文化的典型注释。

日本福冈县饭塚市立岩10号瓮棺，曾同时出土五面西汉晚期铭文镜，其中一面与此镜似为同模，现藏福冈立岩资料馆，樋口隆康《古镜·图录》图60有图片资料可供比对。

图111　西汉中晚　日有喜铭圈带镜（二）

直径：15.6厘米；重量：443克

铭文：日有喜，月有富。乐毋事，常得（意）。美人会，竽瑟侍。
贾市程，万物正。老复丁，死复生。醉不知，醒旦星（醒）。

书体：篆隶之间

资料：《汉铭斋藏镜》图97

图112　西汉晚期　日有憙禽鸟博局铭文镜

此镜铭文与图110镜相比大同小异，异在图110镜的两句七言各少一字而改成了三言，说明西汉镜铭文体的多样性。同样的内容读法不同，予人感觉不一。本书图95镜有铭："从酒东相，长乐未央。"诵读此类铭文，可见汉代"酒食文化"之概貌。

此镜的特殊性在于：应该在西汉中晚期铭圈带镜中展示的铭文内容，竟跨时代地出现在西汉末期的禽鸟博局纹镜之中，说明了西汉至新莽间和平过渡时期的一种文化现象，此镜亦可谓是一种承前（西汉）启后（新莽）的经典器物。

图112 西汉晚期 日有憙禽鸟博局铭文镜

直径：12.1厘米；重量：403克

铭文：日有憙，月有富。乐毋事，宜酒食，居而必安毋忧患。
竽瑟侍，心志驩，乐已哉，固常。

书体：方正汉隶

资料：《止水阁藏镜》图91

图113　西汉中晚　君忘忘铭圈带镜（一）

西汉中晚期大尺寸圈带铭文镜的主体品种为清白、铜华、皎光、日有憙、君忘忘等五种。从其存世量来看，清白与铜华属于大类，每种数量应接近或超过三位数；皎光、日有憙与君忘忘则属于小类，每种数量约在两位数。这些小类镜的尺寸几乎都在汉尺8尺（18.48厘米）以下，此镜直径达18.8厘米，提供了君忘忘镜存世有大镜的重要信息。

本书两面君忘忘镜铭文之首句皆为"君忘忘而失志"，亦时常可见在其结尾处加"兮"字，如《清华铭文镜》图35。在铭文重圈组合的镜例中，少见君忘忘铭文出现。

西汉文化受楚文化影响至深，"楚风"亦波及西汉镜。此镜铭文从语言形式到思想内容均颇具"楚辞"色彩。《楚辞·九章·惜诵》："心郁结而纡轸。"（镜铭中的"沄"通假"郁"）《楚辞·九叹·思古》："伤余心之不能已。"

图113　西汉中晚　君忘忘铭圈带镜（一）

直径：18.8厘米；重量：845克

铭文：君忘忘而失志，舞使心臾者，臾不可尽行，心沄结而独愁，
　　　明知非不可处，志所驩不能已。

书体：方正汉隶

资料：《汉铭斋藏镜》图98

图114　西汉中晚　君忘忘铭圈带镜（二）

君忘忘镜为西汉中晚期圈带铭文镜中的一个著名镜类。长期以来，其铭文释义始终困扰学术界，到目前为止，尚无令人信服的解释。这一时期的其他重要镜类铭文皆有解读，而单单君忘忘镜付之阙如，不能不说是一大遗憾。

自18世纪末以来，见诸文字的君忘忘镜铭文，主要有1799年乾隆敕编《宁寿鉴古》中称为"汉明光鉴"的36字式，1937年美国人福开森在《历代著录吉金目》中称为"先志镜"的30字式，1978年阿富汗席巴尔甘出土的36字式，《清华铭文镜》图35的31字式，本书图113的34字式，以及此镜的34字式等多种版本。

《中国文化》2012年第35期中，李零先生有释读：夫君神志恍惚不得志呀，好像突然得了抑郁症。此病好不了呀，让他独自发愁，心里的疙瘩解不开。我明知那人不可久处，但心里喜欢，还是放不下。

图114　西汉中晚　君忘忘铭圈带镜（二）

直径：16.3厘米；重量：528克

铭文：君忘忘而失志，舜使心臾者，臾不可尽行，心污结而独愁，
　　　明知非不可处，志所雚不能已。

书体：方正汉隶

资料：《汉铭斋藏镜》图99

图115 西汉中晚 君有远行铭圈带镜

此镜铭末尾似缺"久"字。陈佩芬老师在书中指出:"以上是闺中妻子对别离丈夫的一段话。"《中国文化》2012年第35期,李零先生将此铭读为:夫君出远门,妾心暗自喜。不管到哪里,你都津津乐道,每个地点,详详细细。自你远行在外,你都来信说什么?无非祝愿父母罢了。哪棵树没有树枝,哪个人没有朋友?只有你常想着我,我常想着你,才能人长久。

图115 西汉中晚 君有远行铭圈带镜

直径：17.8厘米；重量：460克

铭文：君有远行妾私喜。饶自次，具某止。君征行来，何以为信？祝父母耳。
何木毋疵（枝）？何人毋友？相思有常可长（久）。

书体：篆隶之间

资料：《上海博物馆藏青铜镜》图34

图116　西汉中晚　浪清华铭圈带镜

湖北省荆州博物馆藏有同类铭文三言镜，其铭曰："浪清华，精皎日，奄惠芳，承加泽，结微颜，安佼信，耀流光，似佳人。"冈村秀典《前汉镜铭集释》304对此有释读。此镜与之相比，少了荆门镜的第六句、第七句，并在单数（1、3、5）句后加了"兮"字成为带楚风之骚体。

此铭第二句第三字为"防"，查《古字通假会典》，防通坊、坊通方、方通芳。第二句第五字为"宣"，不同于"承"；第三句第二字"彻"不同于"微"。

奄通淹，即"久"。《诗·周颂·臣工》："奄观铚艾。"郑玄笺："奄，久。"《汉书·礼乐志》："神奄留，临须摇。"颜师古注："奄读曰淹。""宣"即"遍"。《管子·小匡》："公宣问其乡里而有考验。"尹知章注："宣，遍也。遍问其乡里之人。"

图116 西汉中晚 浪清华铭圈带镜

直径：8.4厘米；重量：115克

铭文：浪清华兮精皎日（白），奄惠防（芳）兮宣加（嘉）泽，结微颜兮似佳人。

书体：篆隶

资料：《汉铭斋藏镜》图100

图117　西汉晚期　内而光四乳四灵铭圈带镜

《考古》1975年第3期载，陕西省千阳县汉墓有同类出土器物，其铭："内而光，明而清，涑石华，为之青，见上下，知人请，心喜得，早发生。"在存世器物中，此类镜第六句多见"知人请"。此镜"知人菁"之"菁"字当与"青"通假，"青"又与"情"通假。《诗·唐风·杕杜》："其叶菁菁。"《释文》："菁，本又作青。"此镜字形硕大、书体精美，令人宝爱。

悬针篆书体虽早在楚国"畲肯鼎"上已经问世，然此镜却在两汉之际镜铭的悬针篆书体中拔得头筹。从铜华镜铭文书体可知，汉字隶变大局已定，而同时代此镜的出现，告诉我们一个事实：在西汉晚期汉字隶变的进程中，"创新"与"复古"（包括本书图39、图58、图59之大篆韵味的缪篆）两种潮流，同时出现了前所未有的高峰。

2012年3月16日《中国文物报》第6版，刊载李零《读梁鉴藏"内而光"镜》可供参考与借鉴。孙小龙先生与坊间皆藏四灵博局纹之此类镜，铭文清晰，应读为"见己弓"，"弓"可认作"躬"字的省偏旁。《泓盛2013秋拍》图5134更是明确地读为"见躬己"。"躬"之古字写作"躳"，系人的身体。《楚辞·天问》："皆归射鞠，而无害厥躬。""见己弓"即看见自己的身体。

此镜柿蒂纹钮座之空隙间，饰以"大万巨程"4字，罕见。

图117 西汉晚期 内而光四乳四灵铭圈带镜

直径：14.1厘米；重量：588克

铭文：周铭：内而光，明而清，涷石华，下之青，见己弓（躬），知人菁（情），心意得，乐长生。

钮铭：大万巨程。

书体：悬针篆

资料：《汉铭斋藏镜》图101

图118　西汉晚期　端正心行如妾在铭圈带镜

妾：为旧时女子自称的谦词。战国楚宋玉《高唐赋》："巫山之女也。"《史记·孟尝君列传》："幸姬曰：'妾愿得君狐白裘。'"时：通"是"，此，这。《诗经·周颂·噫嘻》："率时农夫，播厥百谷。"

铭文末字有两释。其一、释"洎"，通至、及，《庄子·寓言》："后仕，三千钟而不洎，吾心悲。"郭象注："洎，及也。"其二，释"治"，意为惩处，《史记·李斯列传》："赵高治斯，榜掠千余。"比较音韵与语意，明显以后者为宜。故而此铭之末两句似可读为："我（妾）亦学你的行为，你（君）又能对我怎样？"

自社会逐渐安定的文景之际以后，西汉镜铭中出现了若干以相思文化为基调，以女性口吻作题材的"妾之语"，这些语言直白、率性，甚至还带有教育夫君的训诫语气。今天读来仍然十分有趣。

这里归纳"妾之语"的同类镜6面，详见下表：

序号	主纹	铭文内容	资料来源
1	花瓣	心与心，亦诚亲，终不去，子从他人，所与予言，不可不信。	赵亚弟先生
2	草叶	秋风起，使心悲，道路远，侍前希。	徐也力先生
3	草叶	君行卒，予志悲，久不见，侍前俙。	《汉铭斋藏镜》图68
4	圈带	君行有日反毋时，结中带兮长相思，妾负君兮万不疑，君负妾兮天知之。	西安市三爻村六号墓出土
5	圈带	君有行，妾有忧，行有日，反毋期，愿君强饭多勉之，仰天大（叹）息长相思。	《古镜图录》中三
6	圈带	毋弃故而娶新，亦成亲，心与心，长毋相忘，俱死葬何伤。	《古镜图录》中七

图118　西汉晚期　端正心行如妾在铭圈带镜

直径：11.2厘米；重量：232克

铭文：君行有日毋反（返）时，端政（正）心行如妾在，时心不端行不政（正），妾亦为之，君能何治？

书体：汉隶

资料：海鸣先生

图119　西汉晚期　铜华八连弧云雷铭圈带镜

八连弧云雷纹镜是最早东渡扶桑的镜类之一，日本伊都国历史博物馆《大镜映照世界》图31-1之镜为奈良县下池古坟出土之器物，直径37.6厘米，其总体形制与此类镜基本相同。

云雷纹流行于东汉早中期，此类镜在西汉中晚期出现，较为少见。《长安汉镜》第121页载："铜华镜一般分为三类，第一类为铜华连弧纹铭带镜，第二类为铜华云雷纹镜，第三类为铜华圈带铭带镜。"《诗经·鄘风·干旄》："素丝组之，良马五之。"《汉书·刘向传》："杂遝众质。"唐颜师古曰："杂遝，聚积之貌。"

在同类器物中，直径多见汉尺5~6.5寸，此镜7.5寸乃属大者。此镜比《清华铭文镜》图33之镜多出四个字。

此类镜铭文内容和书体特征，在西汉早期的花瓣镜中已有出现，于西汉中期又偶尔露面。其一，本书图55，属连弧纹花瓣方框铭文镜，逆时针向25字铭文连读为："清㫖金华以为镜，昭察衣服观容貌，结组中身可取信，光宜美人。"其二，本书图107，属连弧纹圈带铭文镜，顺时针向42字铭文连读为："清浪铜华以为鉴乎，炤察衣服观容貌乎。丝组绶，秋风起，心甚悲。时念君，立輩回，常客君思不可为。游中国，時来盟。"

此类镜的书体十分有趣，文字左右竖笔多与铭带凸弦纹重叠，形成一种粗看缺竖笔、细看并不少的奇特情况，姑且命其名为"借边竖笔变体汉隶"，在中国铭文镜的书体中可谓孤例，另见图128之释读。

图119 西汉晚期 铜华八连弧云雷铭圈带镜

直径：17.5厘米；重量：751克

铭文：清泯铜华以为镜，昭察衣服观容貌，丝组杂遝以为信，清光乎宜佳人。

书体：汉隶（借边竖笔变体）

资料：《汉铭斋藏镜》图102

图120　西汉晚期　利二亲铭圈带镜

　　西汉中晚期的圈带铭文罕见地出现此铭有关孝文化之内容。在本书图126"利二亲铜华铭重圈镜"的内圈中，可找到与此铭类同的语句。

　　到了西汉末、新莽、东汉初的数十年间，"二亲"一词大量出现。如："利二亲、宜弟兄""长保二亲乐富昌""常保父母利弟兄""长保二亲受大福""长保二亲利弟兄""长保二亲如侯王""长保二亲得天力""长保二亲子孙力""长保二亲宜酒食""二亲有疾身常在""长葆二亲利孙子"等。在本书图195"三国吴太元二年纪年镜"的铭文中又见"长保二亲得天力"之内容，文化传承可见一斑。关于"二亲"之释考，详见本书图126。

图120　西汉晚期　利二亲铭圈带镜

直径：11.8厘米；重量：420克

铭文：乐未央，利二亲，宜弟兄，寿万年，长相葆，宜子孙，乐已茂，固常然。

书体：汉隶

资料：《止水阁藏镜》图86

图121 西汉中晚 谤言众兮有何伤铭重圈镜

此镜铭文与形制皆奇特：其一，铭文内容及形制排列与众不同；其二，以双圈连弧纹分割铭文，内圈20连弧，外圈24连弧；其三，"恐"字上方有两个小圆点，当为铭文之起始符号；其四，铭文自外圈开始，以"行精白兮"收尾，再接内圈之"光运明"。

归纳"何伤"铭如下。1959年，陕西省长安县洪庆村出土一镜，其铭云："长毋相忘，时来何伤。"罗振玉《古镜图录》之七铭："长毋相忘，俱死葬何伤。"本书图43铭："长乐未央，时来何伤。"本书图46铭："君来何伤，慎毋相忘。"本书图83铭："君毋相忘，时来何伤。"

本书图104铭："与天为常，善哉毋伤。""何伤"意为没有妨害。《论语·先进》："子曰：'何伤乎？亦各言其志也。'"余见本书图43释读。

图121 西汉中晚 谤言众兮有何伤铭重圈镜

直径：10.7厘米

铭文：恐浮云兮敝白日，复请美兮弅素质，行精白兮光运明，谤言众兮有何伤？

书体：篆隶

资料：《吉林出土铜镜》图6

图122　西汉中晚　日光昭明铭重圈镜（一）

西汉中晚期铭重圈镜的内容组合方式，主要有日光—昭明、日光—清浪、日光—皎光、日光—君有行、昭明—昭明、昭明—清白、昭明—铜华、昭明—日有喜、昭明—皎光、昭明—君忘忘、清浪—清白、清浪—皎光、居必忠—清浪、君行—君有远行、久不—常宜、千秋—清浪等十余种。此镜铭文字数虽为8+24，却不够"标准"，因外圈第二句多了一个"乎"字，第四句少了一个"雍"字。其镜铭文多曲线圆润之美。

图122 西汉中晚 日光昭明铭重圈镜（一）

直径：15.2厘米；重量：494克

铭文：内：见日之光，长毋相忘。

外：内清质以昭明，光辉象乎夫日月，心忽穆而愿忠，然塞而不泄。

书体：篆隶（多圆笔）、缪篆

资料：《清华铭文镜》图37

图123　西汉中晚　日光昭明铭重圈镜（二）

　　此镜铭文字数为8+24=32，完全符合"标准"。昭明镜存世量较大，出现在重圈铭文之外圈时，一般皆齐全且无误；出现在单圈铭文时，常有缺字、多字、错字、别字、反书等文字缺陷，给人们造成了"粗制滥造"的错觉。

　　林素清《两汉镜铭初探》："西汉中期，篆体较为方正，且渐有铭文取代花纹图样的趋势。在利用文字作为镜背装饰主题的风气下，铭文字体刻意经营，出现了种种变化，时而方笔，时而圆笔，并夹杂着各种图案符号，以强调整体美观，充分显现了灵活运用文字以表达美感的能力，汉代所谓'缪篆'正成于此时。"

图123 西汉中晚 日光昭明铭重圈镜（二）

直径：11.1厘米；重量：239克

铭文：内：见日之光，长毋相忘。

外：内清质以昭明，光辉象夫日月，心忽穆而愿忠，然壅塞而不泄。

书体：缪篆（多圆笔）

资料：《汉铭斋藏镜》图83

图124　西汉中晚　日光皎光铭重圈镜

此镜首字释读还有"如"或"处"之说。全镜词句多有楚风，以"承闲"为例，《楚辞·九章·抽思》："愿承闲而自察兮，心震悼而不敢。"《楚辞·九叹·逢纷》："愿承闲而自恃兮。"末字"折"应为"晰"字之省偏旁，晰即晳，系明亮之义。

皎光铭极少出现在铭圈带镜之中，带此铭之镜存世量甚小。本书图125为山西朔县西汉晚期墓出土之同类镜，内区四句六言与外区六句六言可谓完整。此镜与之相比，外圈末尾少了"而侍君"三字。在存世的铭重圈镜中，多见昭明—皎光、清浪—皎光之组合；少见日光—皎光之组合。此类浮雕式文字面小底大，在拓片中，会出现每字首尾皆有放大并出尖的明显假象。

图124　西汉中晚　日光皎光铭重圈镜

直径：13.8厘米；重量：427克

铭文：内：见日之光，长毋相忘。

外：姚皎光而耀美，挟佳都而承闲，怀驩（欢）察而惠予，
爱存神而不迁，得并埶（势）而不衰，精昭晢（缺"而侍君"三字）。

书体：篆隶（减笔、浮雕）

资料：《清华铭文镜》图38

图125　西汉中晚　昭明皎光铭重圈镜

此镜系1982年在山西朔州出土，内圈24字与外圈36字皆不多不少，成为"标准"。这类昭明皎光的重圈组合较为少见，其单独的铭文释读参见图102、图109，于此不复赘述。此类镜还在陕西西安有出土器物（直径15.5厘米），此外，日本福冈县饭塚立岩10号瓮棺墓亦出土了同铭之镜（直径15.9厘米）。

皎光镜铭文少见文字缺陷，在昭明铭为内圈的铭重圈镜中，以昭明—铜华较为少见，迄今所见三例：《尊古斋古镜集景》图131，《长安汉镜》图34，《保利2012秋拍》图10036。

存世大量的昭明镜与清白镜，有诸多文字缺陷，显示了汉代铜镜铸造时一些工匠的粗制滥造。但相对而言，西汉铭重圈镜的文字比单圈昭明镜要正规得多，少有缺字、减笔、通假、错别、反书、省偏旁等文字缺陷，此铭即是一例。事物的发展不可能尽善尽美，至少可以认为，西汉草叶铭文镜和西汉铭重圈镜之文化内涵，为探讨汉代文化作出了突出的贡献。

图125　西汉中晚　昭明皎光铭重圈镜

直径：19.2厘米

铭文：内：内清质以昭明，光辉象夫日月，心忽穆而愿忠，然壅塞而不泄。

外：姚皎光而耀美，挟佳都而承闲。怀驩察而惠予，爱存神而不迁。
　　得并执而不衰，精昭晢而侍君。

书体：篆隶

资料：《中国青铜器全集·铜镜》图49

图126 西汉中晚 利二亲铜华铭重圈镜

此镜铭文"贰亲"内容在汉镜中似为最早出现。

善事父母谓之孝。《左传·隐公三年》:"君义、臣行、父慈、子孝、兄爱、弟敬,所谓六顺也。"汉贾谊《新书·道术》:"子爱利亲谓之孝,反孝为孽。"《书·文侯之命》:"汝肇刑文武,用会绍乃辟,追孝于前文人。"孔颖达疏:"追行孝道于前世文德之人。"《孝经·庶人》:"自天子至于庶人,孝无终始,而患不及者,未之有也。"唐玄宗注:"始自天子,终于庶人,尊卑虽殊,孝道同致。"

"二亲"即指父母。父母一词出现较早,《诗·小雅·蓼莪》:"哀哀父母,生我劬劳。"《史记·屈原贾生列传》:"父母者,人之本也。""二亲"一词则问世稍晚且见诸文献不多,《韩诗外传》卷一:"二亲之寿,忽如过客。"北齐颜之推《颜氏家训·兄弟》:"二亲既殁,兄弟相顾,当如形之与影,声之与响。"

此镜内容在宁夏固原博物馆与日本五岛美术馆皆有所见,似为同模或同类。

图126 西汉中晚 利二亲铜华铭重圈镜

直径:18.7厘米,重量:955克

铭文:内:长乐未央,利贰亲,宜弟兄,寿万年,长相葆,宜子孙,乐已哉,固常然兮。

外:涷治铜华清而明,以之为镜宜文章,延年益寿辟不羊,与天毋亟如日光,千秋万岁乐未央,日。

书体:方正汉隶

资料:《止水阁藏镜》图87

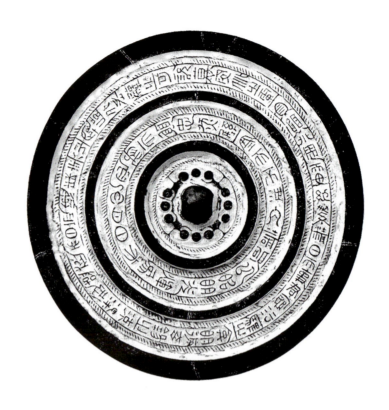

图127　西汉中晚　昭明精白重圈72字铭文镜

一个时代文化的最重要依据就是文字，文字量大信息量大。对于文字齐全的"昭明—清白"铭重圈镜而言，其文字数量一般而言是：内圈24字，外圈48字，总数72字，可谓最多。此类镜存世量不少，却罕见文字齐全者。

本书上册证史篇《西汉昭明镜铭文释考与研讨》在对昭明镜铭文作详尽释考后，提出两个观点：其一，铭文内容是纪念汉景帝前元三年（前154年）被冤杀的忠臣晁错；其二，最早的昭明铭末字为"彻"，还未避讳武帝之名，故带"彻"字之昭明镜的问世年代最早当在公元前153年，最迟则在汉武帝即位之建元元年（前140年）。另见本书图15、图16之文字说明。

图127　西汉中晚　昭明精白重圈72字铭文镜

直径：15.4厘米；重量：501克

铭文：内：内清质以昭明，光辉象夫日月。心忽穆而愿忠，然壅塞而不泄。

外：絜精白而事君，怨汍骊之弇明。微玄锡之流泽，恐疏远而日忘。

怀糜美之窮體（躬体），外承骊之可说。慕窈窕之灵景，愿永思而毋绝。

书体：缪篆（多圆笔）

资料：《汉铭斋藏镜》图84

图128　西汉中晚　清浪精白铭重圈镜

此镜文字是一种典型的"省两边竖笔"形式，其实是利用了文字外的两圈凸线，与铭文竖笔"共用一线"所致。个别字少了两边竖笔几乎不成字形，看上去很不舒服，亦算是西汉工匠在设计镜铭上的一种"创造"，另见图119之释读。此镜原载黄濬《尊古斋古镜集景》书中，惜此镜早已流失。今发现日本五岛美术馆所藏一镜，与此镜铭文完全重叠，尺寸亦一致，似为同一器物，疑在一甲子前就已东渡扶桑。

此类镜铭多有缺字、错别、省偏旁等文字缺陷，如此镜外圈之"德"字系错别字，正确应为"怀"字；倒数第二句，原应是"慕窈窕于灵景"，铭文因缺了"景"字（即古字"影"）而释读不通。

图128　西汉中晚　清浪精白铭重圈镜

直径：13.6厘米

铭文：内：清浪铜华以为镜，照察衣服观容，丝组杂遝以为信，清乎宜佳人。

　　　外：絜精白而事君，怨汍驩之弇明，微玄锡流泽，远而日忘，
　　　　　怀糜美之穷䌥（躬体），外承驩之可说，慕窈窕于灵，愿永思毋绝。

书体：汉隶（借边竖笔变体）

资料：《尊古斋古镜集景》图127

图129　西汉中晚　清浪皎光铭重圈镜（一）

  观察存世的大量西汉铭圈带镜与铭重圈镜后可知，西汉中晚期是一个中国文字剧变的时代，草叶铭文镜书体以汉篆、缪篆为主，可算从古文字发展到今文字的"隶变"之始，紧接着的圈带铭文镜就迎来了"隶变"大潮，这是一个文字书体"百花齐放"的春天。在圈带铭文中，除了残留少量的小篆和缪篆外，大量出现各种各样的变体，目前很难用准确的文字来表达它们的多姿多彩，一部分变体还可以用美术体来称谓。以西汉晚期的铜华镜为例，可说是基本上已经完成了"隶变"，铭文已成为容易释读的今文字。

图129　西汉中晚　清浪皎光铭重圈镜（一）

直径：15.5厘米

铭文：内：清浪铜华以为镜，照察衣服观容貌，丝组杂遝以为信，宜佳人。

　　　外：姚皎光而耀美兮，挟佳都而承闲，怀驩察而惠予兮，

　　　　　爱存神而不迁，得并观而不衰，精昭哲伴君。

书体：篆隶

资料：台北历史博物馆藏（8336）

图130　西汉中晚　清浪皎光铭重圈镜（二）

　　此镜与图129的铭文内容相比，外圈铭文皆37字，内圈铭文少了"丝组杂遝以为信"七字，多了"清光乎"三字，在总体上可说是大同小异。此镜与图129的文字书体相比，此镜多了一些圆转，少了一些方折，尤以内圈"之"字与外圈"皎"字较为明显。

图130 西汉中晚 清浪皎光铭重圈镜(二)

直径：15.4厘米；重量：529克

铭文：内：清浪铜华以为镜，昭察衣服观容貌，清光平宜佳人。

外：姚皎光而耀（耀）美，挟佳都而承闲，怀驩察而惠予，爱存神而不迁，得并观而不衰，清昭晳侍君。

书体：篆隶

资料：北京赏心斋藏

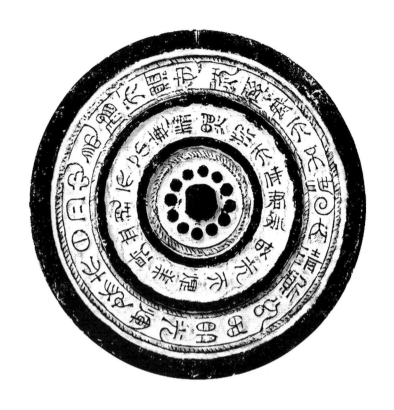

图131　西汉中晚　皎光昭明铭重圈镜

通常皎光铭只出现在单圈或重圈之外圈，此镜却在重圈之内圈，甚是少见。因排列位置所限，在齐全为六句的皎光铭文中，只选取了第一、第五、第六的三句，其全铭见本书图109镜。本书图124为日光皎光铭重圈镜。

西汉中晚期圈带铭文镜依据其尺寸大小，大致可分为大小两类。小型镜之日光镜，直径多在汉尺3~5寸，昭明镜直径多在汉尺4~6寸。大型镜有清白镜、铜华镜、皎光镜、日有憙镜、君忘忘镜等，直径多在汉尺6~8寸，偶见9寸与10寸（如《清华铭文镜》图31）。

图131 西汉中晚 皎光昭明铭重圈镜

直径：13.4厘米；重量：354克

铭文：内：姚皎光而耀美，得并执而不衰，精昭晳而侍君。

外：内清质以昭明，光辉象夫日月，心忽穆而愿忠，然壅塞而不泄。

书体：缪篆（多圆转）

资料：《汉铭斋藏镜》图85

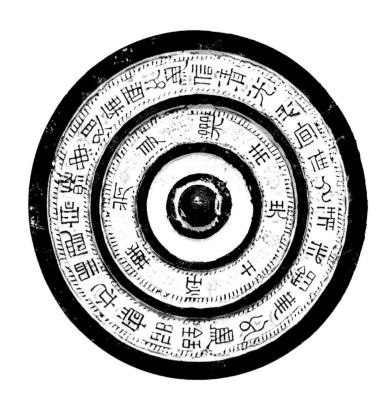

图132　西汉中晚　千秋清浪铭重圈镜

此镜铭文是难得一见的重圈组合，且书体甚为奇特：其一，总体上对"横平竖直"的要求较高，个别字甚至过分，如"秋"的左偏旁，由"禾"改成了"王"；其二，对于大斜笔书体，采取了"龙飞凤舞"的大幅度圆转，如"人"与"以"字，犹如飘舞的彩带；其三，若干小斜笔书体，则以圆弧处理，如"乐""央""衣"等字。

图132　西汉中晚　千秋清浪铭重圈镜

直径：13.4厘米；重量：368克

铭文：内：千秋万岁，长乐未央。

外：清浪铜华以为镜，昭察衣服观容貌，丝组杂逻以为信，清光乎宜佳人。

书体：篆隶之间

资料：《汉铭斋藏镜》图86

图133 西汉中晚 浪清华精白铭重圈镜

在西汉中晚期的圈带铭文镜中，此镜内圈铭文"浪清华"罕见，其八句三言24字之数与湖北省荆州博物馆之藏镜大致相同。此镜外圈铭文即常见之清白铭，虽其八句六言48字不多不少，然第五句第三字与第四字颠倒，标准是"怀糜美之穷（躬）体"，此铭成"怀糜之美穷（躬）体"，应是工匠误作。

镜铭内容的大部分在图116已有释读。"佼"即美好。《礼记·月令》："（仲夏之月）养壮佼。"孔颖达疏："壮，谓容体盛大；佼，谓形容佼好。""流光"即流动、内烁的光彩。汉司马相如《上林赋》："应骓声，击流光，野尽山穷，囊括其雌雄。"概括而言，"浪清华"铭的24字铭文是夸奖铜镜的质量上乘。

图133 西汉中晚 浪清华精白铭重圈镜

直径：17.8厘米；重量：732克

铭文：内：浪清华，精皎白。奄惠芳，承加（嘉）泽。结徽颜，安佼信。耀流光，似佳人。

外：絜精白而事君，愁汒驩之弇明。微玄锡之流泽，恐疏远而日忘。

怀糜之美穷體（躬体），外承驩之可说。慕窈窕于灵景，愿永思而毋绝。

书体：篆隶（多圆转）

资料：《古镜今照》图61

图134　西汉中晚　君行有日君有远行铭重圈镜

此镜外圈铭文与本书图115相同，迄今所知，此镜铭重圈与单圈的两面铜镜皆为孤品。

铜镜作为人类情感的投射物，映照出人性的美善与丑恶、完满与残缺，它是人类自我完善的良好媒介。在西汉镜铭中，以"妾"赠"夫君"的内容最为出彩，它从一个侧面真切地抒发了相爱相思的人间真情，以及对美好生活的向往和憧憬。反映出明显的时代特色，表现了西汉已婚女子对丈夫离别的相思、期盼、劝诫。在汉代众多镜铭题材中，相思镜占有较大的比例，饱含着浓浓的人间真情。

此镜内圈铭文内容，李零先生释读为："夫君出门已久，不知何日归来。你的心上没有我，如果只是疏忽，此事尚可弥补，如果良心大坏，我又何必把你放心上。"

图134　西汉中晚　君行有日君有远行铭重圈镜

直径：15.6厘米；重量：518克

铭文：内：君行有日反（返）毋时，思简忩（忽），倘（尚）可沮（苴），人憨心成不足思。

　　　外：君有远行妾私喜，饶自次，具某止，君征行来，何以为信？祝父母耳。

　　　　　何木毋疵（枝）？何人毋友？相思有常可长久。

书体：篆隶

资料：北京赏心斋藏

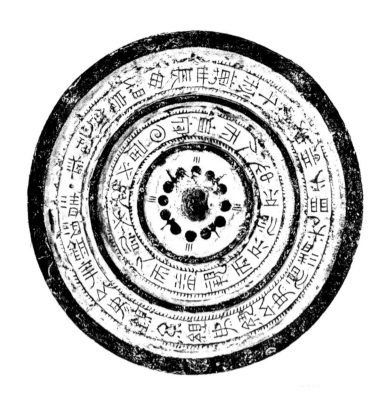

图135　西汉中晚　居必忠清浪铭重圈镜

浪水，古水名。此铭之"浪"，疑为同音借代，以水明代镜之清莹。

此铭较图90而言，只是多了"居""而"二字，且将"久而必亲"改为"久而益亲"，余皆相同，详见图90之说明，免赘述。"居"释相处。《易·系辞下》："刚柔杂居，而吉凶可见矣。"

一般认为，镜铭反映儒家思想多从新莽始，此镜与图90镜出现在西汉中晚期，符合汉武帝"罢黜百家，独尊儒术"的历史事实。《止水集·两汉儒家思想铭文镜》图2有详尽释读。此镜内圈铭文内容至今仍有现实意义：为人相处，要做到忠诚无私，言而有信，可使亲情和友谊与日俱增。反之，就会自食其果，逐渐走上穷途末路。

有关"信"（包括"诚"）字的镜铭，在图48的文字说明中，一共列举了9个实例。

图135 西汉中晚 居必忠清浪铭重圈镜

直径：13.2厘米；重量：310克

铭文：内：居必忠必信，久而益亲，而不信不忠，久而自穷。

外：清浪铜华以为镜，丝组为纪以为信，清光明乎服君卿。

千秋万世，长毋相忘，镜辟羊（祥）。

书体：篆隶（减笔）

资料：《清华铭文镜》图41

末类

西汉末新莽　纪年镜

图136　公元前15年　永始二年铭四灵博局镜

永始二年是西汉成帝刘骜在位的第十八年，即公元前15年。

迄今所知，这是存世最早的中国纪年铜镜，此镜出土前，人们只知是现存日本东京五岛美术馆的居摄元年（6年）镜。汉成帝永始二年比居摄元年要早了21年，故此镜的出土意义十分重大。

铭文"景公之象兮吴娃之悦"是讲述春秋战国时期的历史故事："景公"即齐景公，传说其长相出众，"景公之象"受到人们的喜爱；"吴娃"即赵武灵王之妻，传说赵武灵王将梦见美女一事告诉大臣后，吴广即将自己女儿说成灵王的"梦中美女"而送上，该女得宠后，被赵武灵王赐名"吴娃"。《资治通鉴·周赧王二十年》："主父初以长子章为太子，后得吴娃，爱之。"胡三省注："吴娃……吴楚之间谓美女曰娃。"

图136　公元前15年　永始二年铭四灵博局镜

直径：18.5厘米；重量：1010克

铭文：永始二年五月丙午漏上五工丰造。景公之象兮吴娃之悦，作眣明镜兮好如日月，
　　　长相思兮世不绝。见朱颜，心中欢。常宜子孙。

书体：汉隶

资料：1996年洛阳五女冢出土，现藏洛阳博物馆

图137 公元6年 居摄元年铭连弧纹镜

居摄元年是西汉孺子婴在位、王莽摄政的第一年，即公元6年。

1924年，此镜在朝鲜大同江边石岩里汉乐浪郡遗址出土，先是富田晋二氏、后由守屋孝藏氏收藏，现存日本东京五岛美术馆，并为该馆的镇馆之宝。近一个世纪以来，此镜始终被认为是中国最早的纪年镜，直到永始二年镜（即本书图136）出土时为止。居摄元年，王莽由安汉公成为"假皇帝"，集大权于一身，开始了诸多带有王氏印记的变革。

"糶"即粮食，"糶常有陈"即"家有余粮"。古时，家有余粮是百姓向往的生活目标，在丰衣足食的当今，其盼想之殷切已难想象。"亲善"即亲近友善。《东观汉记·尹敏传》："敏与彪亲善，每相遇与谈，常日旰忘食。"

图137 公元6年 居摄元年铭连弧纹镜

直径：13.2厘米；重量：400克

铭文：居摄元年自有真，家当大富，耀常有陈。昭（照）之治吏为贵人，夫妻相喜，日益亲善。

书体：汉隶

资料：日本东京五岛美术馆

图138　公元10年　始建国二年铭瑞兽筒博镜

始建国二年是王莽篡汉坐上皇帝宝座后的第二年，即公元10年。

1897年（光绪二十三年），宛平黄濬在北京琉璃厂开古玩铺，此镜乃其最早收藏品（《尊古斋古镜集景》图1）。1916年，罗振玉《古镜图录》："（此镜原由）祥符周藏，今归如皋昌氏。"1959年，由上海博物馆调拨给中国历史博物馆（即今中国国家博物馆）。

始建国二年是新莽初期，王莽政权还算稳定，各项制度的执行应该有效。此镜直径正是新莽标准尺度的7寸。从形制与纹饰来看，由于博局不全（缺L纹）、玄武缺失（由西王母与玉兔代替）、内区奇特（七乳纹时代应再晚）等因素，可知此镜应非新莽官制镜。

图138　公元10年　始建国二年铭瑞兽简博镜

直径：16.1厘米

铭文：唯始建国二年新家尊，诏书数下大多恩。贾人事市，不躬啬田。
　　　更作辟雍治校官，五谷成孰（熟）天下安。有知之士得蒙恩，宜官秩，葆子孙。

书体：悬针篆

资料：中国国家博物馆

图139　公元15年　始建国天凤二年铭四灵博局镜

始建国天凤二年是新朝王莽在位的第七年，即公元15年。

20世纪50年代初，上海徐士浩先生将包括此镜在内的一批青铜器捐赠上海博物馆，从此，此镜安身艺术殿堂。比较图137、图138、图139三面著名的纪年镜可知，此镜与标准的新莽官制镜最是接近。其边缘纹饰告诉我们，当时的铸造地点有可能在淮河以南地区，在《六安出土铜镜》一书中，多见类似之花边纹饰。

"封传"即古代官府所发的出境及乘坐传车投宿驿站的凭证，多以木为之，书符信于上。《史记·孟尝君列传》："孟尝君得出，即驰去，更封传，变名姓以出关。"司马贞《索隐》："封传，犹今之驿券。"依据末两句铭文，可知镜主的大致身份。

图139　公元15年　始建国天凤二年铭四灵博局镜

直径：16.6厘米；重量：690克

铭文：始建国天凤二年作好镜，常乐富贵莊君上，长保二亲及妻子，
　　　为吏高迁位公卿，世世封传于毋穷。

书体：莽隶

资料：上海博物馆

申类

西汉末新莽　四灵博局镜

图140 西汉末新莽 鎏金中国大宁铭四灵博局镜

此镜系1952年在湖南长沙出土。就其纹饰看,多流行于西汉之末;而就其铭文言,似多出现在新莽前期。故而最大的可能,即问世在居摄前后。统计可知,西汉晚期至新莽出现过若干高档次的特种工艺镜,其共同点是乳钉下凹,此镜正属此列。

中国铜镜中有"中国"铭文,当为珍品。迄今所知,还见"中国大宁宜孙子"(《广西铜镜》图71,直径18.4厘米),"中国安宁兵不扰"(《嘉德2006春拍》图2750,直径20.6厘米),"四夷降伏中国宁"(《古镜今照》图99)。

《诗·小雅·六月序》:"《小雅》尽废,则四夷交侵,中国微矣。"《庄子·田子方》:"吾闻中国之君子,明乎礼仪而陋于知人心。""黄裳",即黄色的下衣。《易·坤》:"六五:黄裳,元吉。"高亨注:"元,大也。裳,裙也,裤也。周人认为,黄裳是尊贵吉祥之物,代表吉祥之征,故筮遇此爻大吉……黄裳黄裙内服之美,比喻人内德之美,故大吉。"

图140　西汉末新莽　鎏金中国大宁铭四灵博局镜

直径：18.6厘米

铭文：圣人之作镜兮取气于五行，生于道康兮咸有文章。光象日月，其质清刚。
　　　以视玉容兮辟去不羊（祥）。中国大宁，子孙益昌。黄裳元吉有纪刚（纲）。

书体：汉隶

资料：中国国家博物馆

图141 居摄年间 铸成错刀天下喜铭四灵博局镜

金错刀系王莽第一次货币改革的产物,其法定流通年代当在王莽摄政的居摄年间。"安汉",即指"安汉公"王莽。西汉王朝在元始元年(1年)对已是大司马的王莽再次加官晋爵,"拜为太傅,赐号安汉公"(《汉书·王莽传》)。此镜年代理应划在西汉末年,但其文化却与尔后的新莽时期"一脉相传"。此类镜称西汉镜却不是西汉文化,谓新莽镜又不到新莽年代,笔者认为,这是打上了王莽思想印记的西汉末年镜,姑且将其命名为"莽式镜"似较为恰当。铭文首句"十言"谓言论或议论频繁,反复多次,这里似有暗喻王莽多次辞官却封之意。《史记·龟策列传》:"十言十当,十战十胜。"

此镜应是不带年号的"纪年镜",其年代当在居摄二年(7年)至居摄三年(8年)的两年之间,这显然比收藏在中国国家博物馆和上海博物馆的两面国宝级始建国纪年镜要早。因此,早在王莽掌权后、篡位前的西汉末年,就有了如同新莽镜式样的"莽式镜",这在中国铜镜史上,几乎是一个特例。同样,到了新莽灭亡以后的东汉初年,因为文化的连续性,也还有新莽镜式样的莽式镜出现。

图141　居摄年间　铸成错刀天下喜铭四灵博局镜

直径：21.0厘米；重量：1040克

铭文：令名之纪七言止，湅治（冶）铜华去恶宰（滓），

　　　铸成错刀天下喜，安汉保真世毋有，长乐日进宜孙子。

书体：汉隶

资料：北京赏心斋

图142　居摄年间　秦中作镜居咸阳铭四灵博局镜

此镜铭文对研究汉镜文化有三个贡献：

其一，咸阳于两汉之际是铸镜地之一，其地在今陕西咸阳市东北窑店镇附近。因位于九嵕山之南，渭水之北，在山、水之阳，故名。公元前350年秦孝公自栎阳迁都于此。后置县。秦统一六国后，迁天下豪富十二万户于此，大造宫殿，都城规模更为扩大。秦亡，城为项羽焚毁。汉时重建，已是"今非昔比"，但铭文"秦中作镜居咸阳"，却留下故都昔日繁华及北方铸镜中心之历史记录。

其二，铭文"大泉宜利"可借资考定年代。此镜以及少许有"大泉五十"图案的器物，与图141镜之释考有异曲同工之妙。"大泉"是"大泉五十"的简称，此钱与金错刀同时问世于居摄二年，属王莽第一次货币改革，因百姓坚决抵制这些"虚值大钱"（包括铭"一刀平五千"的错刀与铭"五百"的契刀），只流通了不到两年即被废除（详见图143说明）。故钮座间"大泉宜利"铭文，明确记载了此镜之铸造年代。

其三，西汉末新莽时期，四灵博局镜之南方朱雀纹伴兽多为仙人骑鹿，骑者是谁？不知典故。此镜铭文"崔文王侨骑鹿行"明确无误地点出了仙人的名字。

图142 居摄年间 秦中作镜居咸阳铭四灵博局镜

直径：19.1厘米；重量：817克

铭文：秦中作镜居咸阳，当法天地日月光，上有仙人予（与）凤皇，含珠持璧食玉英，崔文王侨骑鹿行，昭（照）此镜者家富昌。（柿蒂纹钮座另有"大泉宜利"四字）

书体：莽式汉隶

资料：陈学斌先生

图143 居摄年间 大泉五十铭瑞兽博局镜

此镜亦属虽无纪年铭文却可考定问世年代的器物。王莽居摄二年（7年），实施第一次货币改制，发行了分别可抵值五铢之"大钱"：五千倍的金错刀、五百倍的契刀、五十倍的大泉五十。

彭信威《中国货币史》第172页："大泉重十二铢，等于当时流通的五铢钱的二点四倍，但作价等于五铢的五十倍，等于贬值成二十分之一以下。这种钱的作用在于剥削小生产者的物资和劳动……人民对于这样一种掠夺是有反抗的，他们拒用新币，继续使用五铢。当时，五铢还是合法的，王莽还没有想到禁用的办法。然而他很快就看到这一点，所以在建国改元后（9年），就实行第二次币制改革。"

此镜十二地支铭文为直读排列，较为奇特。

图143 居摄年间 大泉五十铭瑞兽博局镜

直径：16.6厘米；重量：700克

铭文：（钱铭）大泉五十。

书体：汉篆

资料：《古镜今照》图66

图144　居摄新莽　刘氏去王氏持铭瑞兽博局镜

镜铭"刘氏去，王氏持"的含义容易理解，将王莽的"壮志已酬"说得明明白白：刘氏皇帝的西汉王朝已一去不复返，王氏把持新莽王朝君临天下。《汉书·王莽传》载：始建国元年……（莽）又曰："皇天明威，黄德当兴，隆显大命，属予以天下。今百姓咸言皇天革汉而立新，废刘而兴王。"明白昭告世人业已改朝换代。王莽在成为真皇帝以后，将其王氏家族子弟一一分封"公、侯、伯、子、男"爵位，足见镜铭"刘氏去，王氏持"的有史可据。可以认定，这里的"王氏"完全就是王莽的王氏家族，即新莽王朝的"皇族"。同时，亦印证了"王氏"镜铭文"官位尊显蒙禄食"以及莽式镜铭文中常见的"八子九孙治中央""八子十二孙治中央"，"子孙复具治中央"等内容并非虚言。

翦伯赞《中国史纲要》第三章第一节："古文献上说，周代实行过井田制……井田制主要把土地划分为方块，井田之中有公田，也有私田。分得私田的农奴或野人要无偿地耕种公田，养活土地所有者。"

《泓盛2012秋拍》图910亦见同类镜（直径15.2厘米，重量620克），与此镜相比，两者似为同模。

图144 居摄新莽 刘氏去王氏持铭瑞兽博局镜

直径:15.0厘米;重量:856克

铭文:刘氏去,王氏持。天下安宁乐可喜,井田平贫广其志。

书体:篆隶

资料:阜阳博物馆

图145　新莽　尚方作竟真大巧铭四灵博局镜

"尚方作竟"类镜铭内容大同小异，其首句多见"真大好"或"真大巧"。镜铭"得天道"与史料"承天命"完全吻合，"得天道"就是宣扬君命神授，皇权正统。《汉书·王莽传》载：王莽当上真皇帝时曾下诏："皇天上帝隆显大佑，成命统序，符契图文，金匮策书，神明诏告，属予以天下兆民，赤帝汉氏高皇帝之灵，承天命，传国金策之书，予甚祇畏，敢不钦受！"《清华铭文镜》图61中，还有"得天道，物自然"的铭文。此镜朱雀位配饰羽人骑鹿与众不同，出现了难得一见的"倒骑"。

王莽篡汉，实行了一系列的复古改制，其中镜铭书法堪为特殊，除了使用西汉晚期已见的悬针篆（图117）外，在中国书法史上，还推出了空前绝后的莽式汉隶（见图146文字说明）。

图145 新莽 尚方作竟真大巧铭四灵博局镜

直径：23.2厘米；重量：1144克

铭文：尚方作竟真大巧，上有仙人不知老，渴饮玉泉饥食枣，非（徘）回（徊）名山采草，浮由（游）天下敖四海，寿如今（金）石得天道，子孙长相保兮。（钮座外另有十二地支）

书体：莽式汉隶（十二地支为篆书）

资料：《清华铭文镜》图43

图146 新莽 尚方御竟大毋伤铭四灵博局镜（一）

"尚方御竟"类镜铭内容大同小异，其首句多见"大毋伤"，少见"真大好"，此镜铭文中"敖详"即为"遨翔"，结合"尚方作竟"铭中的"浮由（游）天下敖（遨）四海"之句，可知当时人们的崇天思想，爱用"遨"字。司马相如《琴歌》："凤兮凤兮归故乡，遨游四海求其凰。"

"尚方"与"王氏"两个大类的镜种，皆属于当时的官制镜系列，《止水集·莽式铭文镜》已有说明。悬针篆的特点是竖笔下端出尖，这种横笔两端出尖的书体已属今文字，主要见于此两类镜中，似可称为"莽式汉隶"，比西晋卫瓘所创之"柳叶篆"要早200余年，值得文字界与书法界关注。

在存世器物中，已知有汉尺10寸之此类镜多面。值得一提的是刘军先生之所藏，直径达23.6厘米，七乳主纹辟雍缘。其铭七句七言："尚方御竟大毋伤，巧工刻娄成文章，左龙右虎辟不详，朱鸟玄武调阴阳，子孙备具居中央，长保二亲乐富昌，寿敝金石如侯王。"

图146 新莽 尚方御竟大毋伤铭四灵博局镜（一）

直径：20.9厘米；重量：1000克

铭文：尚方御竟大毋伤，左龙右虎辟不羊（祥），朱鸟玄武调阴阳，
　　　子孙备具居中央，上有仙人高敖（遨）详（翔），寿敝金石如侯王兮。
　　　（钮座外另有十二地支）

书体：莽式汉隶（十二地支为篆书）

资料：《清华铭文镜》图44

图147 新莽 尚方御竟大毋伤铭四灵博局镜（二）

"尚方"是秦代开始设置的官署名，汉代分左、中、右三尚方，皆由九卿之一的少府管辖，执掌帝王所用器物的制作，主造并储藏皇室所用刀剑等兵器以及包括铜镜在内的各种赏玩器物。

在一般情况下，"尚方"铭镜尺寸有序，其存世器物，每以9寸、8寸、7寸居多，10寸与6寸偏少。日本奈良天理参考馆与藏家千石唯司两处皆有鎏金品种。"尚方"铭镜作为新莽时期的一个著名镜种，在东汉屡有仿制。比较而言，东汉仿制品有镜体较薄、尺度随意、镜面略凸、缘口稍斜、四灵错位、子午转向等特征，特别是铭文书体失去了"莽式汉隶"的韵味，个别器物之镜铭文字，甚至被减笔到不可辨认的地步。只需仔细，便不难区分。

图147 新莽 尚方御竟大毋伤铭四灵博局镜（二）

直径：13.7厘米；重量：457克

铭文：尚方御竟大毋伤，巧工刻之文章，朱鸟玄武顺阴阳，
子孙备具居中央，长保二亲乐富昌。

书体：莽式汉隶

资料：《清华铭文镜》图47

图148　新莽　尚方御竟真大好铭四灵博局镜

"尚方镜"主纹有布局正规的四灵纹饰：北（下）玄武，南（上）朱雀，东（左）青龙，西（右）白虎。中心十二地支的"子"在下（北方玄武位），"午"在上（南方朱雀位），子午线穿钮孔而过。

"尚方""王氏""新有""新兴"等莽式铭文镜的每句末尾之字，如"伤""章""羊""阳""昌""堂""旁""王""黄""行""方""央""长""皇""强""详（翔）"等，皆入"阳韵"，这种七言押韵的文句在新莽东汉的流行，昭示了其与古典诗歌发展的直接关系，已引起文学史家（如已故罗根泽先生）的高度关注。一般而言，"尚方"铭镜边缘多为辟雍（水波）纹缘，此镜是少见的二周锯齿夹一周双线波折纹，亦颇引人注目。有学者认为，此类镜缘之年代似稍晚一些。

图148 新莽 尚方御竟真大好铭四灵博局镜

直径：16.1厘米；重量：560克

铭文：尚方御竟真大好，上有仙人不知老，渴饮玉泉饥食枣，浮游天下敖（遨）四海，徘徊名山采芝草，寿敝金石为国保兮。（钮座外另有十二地支）

书体：莽式汉隶（十二地支为篆隶）

资料：《清华铭文镜》图46

图149　新莽　尚方作竟真大好铭四灵博局镜

西汉末至新莽朝之镜直径皆严格地执行了始于东周的长度标准，即1尺等于现代公制之23.1厘米。一般而言，误差应在1%的范围内。以汉尺8寸（18.48厘米）为例，即在18.30～18.67厘米之间，可认为符合标准；误差若是2%时，可认为接近标准。对于汉尺9寸（20.79厘米）、8寸（18.48厘米）、7寸（16.17厘米）、6寸（13.86厘米）的官制莽式镜而言，其平均的单位面积重量（可称为厚重系数）m值（克/平方厘米），被严格控制在2.8～3.1的标准范围。以m值2.95试算，即将成品镜的重量控制在：9寸为1001克、8寸为793克、7寸为606克，6寸为445克。核对本书之m值：图146为2.91，图149为3.14，图148为2.76，图147为2.91。再核对两面著名之镜，日本千石唯司所藏之鎏金"尚方御竟"为2.96，《故宫藏镜》图32"王氏昭竟"为2.95，均相差标准范围未远。

图149　新莽　尚方作竟真大好铭四灵博局镜

直径：18.6厘米；重量：791克

铭文：尚方作竟真大好，上有仙人不知老，渴饮玉泉饥食枣，浮游天下敖（遨）四海，
　　　徘徊名山采芝草，寿如今（金）石为国保。大富昌，子孙备具中央。
　　　（钮座外另有十二地支）

书体：莽式汉隶（十二地支为篆书）

资料：《清华铭文镜》图45

图150　新莽　王氏昭竟四夷服铭四灵博局镜（一）

"王氏"镜既是典型的莽式镜，亦是最早的姓氏镜，出现在与中国最早纪年镜（居摄、始建国镜）同步的年代。中国铭文镜系列中有许多姓氏镜，大都是指工匠姓氏（东汉魏晋镜多有之）或私家作坊主姓氏（南宋镜中每每常见），有时亦为镜主姓氏（明代镜不乏一见）。而对于莽式镜铭文中的"王氏"，则历来众说不一。

"王氏"镜的存世量并不多，就其总体而言，大类是"王氏作竟四夷服"，少量为"王氏昭竟四夷服"和"王氏作竟真大好"等。详见《止水集·莽式铭文镜》表四，《清华铭文镜》图49、图50、图51皆为"王氏作镜"。

将"王氏"镜与堪作参照标准的"尚方"镜进行逐一对照，"王氏"镜与"尚方"镜几乎没有什么不同，在整体形制和铭文书法等方面都极其相似。至今，尚未发现有莽尺10尺标准的王氏镜，如此镜系莽尺9寸；图151镜则为莽尺8寸。

图150　新莽　王氏昭竟四夷服铭四灵博局镜（一）

直径：20.9厘米；重量：1020克

铭文：王氏昭竟四夷服，多贺新家人民息，胡虏殄灭天下复，风雨时节五谷孰（熟），
　　　百姓宽喜得佳德，长保二亲受大福，传告后世子孙力，千秋万年乐毋极。

书体：莽式汉隶（横笔两端出尖）

资料：故宫博物院

图151 新莽 王氏昭竟四夷服铭四灵博局镜（二）

若干镜例证明，莽式镜铭文多用"新家""君家"或"官家"代替"国家"，多数"王氏"镜铭文第二句中有"新家"二字，故"王氏"镜的下限年代断至新莽当无疑问。居摄年间（6—8年）王莽大权独揽，废汉立"新"是他朝思暮想的一件大事，先制造些舆论为其夺取政权做准备应属可能。永始元年（前16年）王莽袭其父王曼之爵为新都侯。"新都"，即今河南南阳之新野，被认为是王莽的发祥之地。所以，居摄年间出现"王氏"镜也就顺理成章。实践证明，有一些莽式镜确实是在新莽之前即已制作。

"王氏"镜连同大部分"尚方"镜的书体（前称莽式汉隶）比较独特，说明此类镜是处于特定时代的官制器物，是深深地烙上了王莽思想印记的"标准"镜种，既伴王莽掌权而生，又随王莽被杀而亡。

莽式镜铭文开头两字"王氏"和"尚方""新家"皆可任意更替互换。"王氏"的身份如今已经十分明确："王氏"即王莽家族的"王氏"，就是"尚方"与"新家"的同义词，亦系"官制"或"官家"的代名词。而存世有限的"王氏"镜（特别是"王氏昭竟"与鎏金"王氏作竟"）和少数制作精良的"尚方"镜（尤其是鎏金品种），似当为王莽家族所使用的"御制"镜种。

图151　新莽　王氏昭竟四夷服铭四灵博局镜（二）

直径：18.5厘米；重量：867克

铭文：王氏昭竟四夷服，多贺新家人民息，胡虏殄灭天下复，风雨时节五谷孰（熟），
　　　长保二亲子孙力，传告后世乐毋亟，日月光大富贵昌兮。

书体：莽式汉隶

资料：上海博物馆

图152　新莽　王氏作竟真大好铭四灵博局镜

此镜铭文为常见内容，只是对"尚方作竟"铭进行首字变更而成了"王氏作竟"。这一变更既表明了在形式上"王氏"与"尚方"可以互换，亦昭示了"王氏"就是新朝尚方的主人及其家族。以首句铭文看，存世器物主要是"王氏作竟四夷服"，"王氏作竟真大好"与"王氏昭竟四夷服"都较为少见。

《止水集·莽式铭文镜》图3将此镜文字书体作为莽式汉隶的标本。对于莽式汉隶的书体而言，其一，只有"尚方"铭与"王氏"铭两类四灵博局镜的铭文完全是莽式汉隶（后人仿制除外）；其二，别的镜类罕见这一书体。

图152 新莽 王氏作竟真大好铭四灵博局镜

直径：18.1厘米；重量：740克

铭文：王氏作竟真大好，上有仙人不知老，渴饮玉泉饥食枣，浮游天下敖（遨）四海，徘徊名山采芝草，寿如今（金）石之天保兮。（钮座外另有十二地支）

书体：莽式汉隶（十二地支为篆书）

资料：《清华铭文镜》图49

图153 新莽 新有（刻娄）铭四灵博局镜

对有TLV纹饰的铜镜历来称谓不一，或称规矩镜，或称六博镜，或称博局镜。因此类镜铭有"刻娄博局去不羊"的内容，故称名"博局"持之有据，学术界对此已取得一定的共识，详见周铮《"规矩镜"应改称"博局镜"》（《考古》1987年第12期）。此镜边缘有精美的四灵纹饰，尤以羽人戏龙为突出。另见本书上册综合篇《博局与汉代博局纹镜》。

"刻娄"铭四灵博局镜存世十面，可分三类。甲类，铭文首字"新"者存世六面：① 河南南阳牛王庙村1号汉墓出土（直径20.6厘米）；② 中国国家博物馆所藏（直径20.5厘米，唐兰旧藏）；③ 河南省博物院所藏（直径19.1厘米）；④ 浙江未名斋所藏（直径16.6厘米）；⑤ 本书图153；⑥ 日本西田狩夫藏拓。乙类，铭文首字"汉"者存世三面：① 江苏尹湾汉墓出土（直径27.5厘米）；② 《息斋藏镜》图47（直径20.7厘米）；③ 浙江止水斋所藏。丙类，铭文首句"作佳镜"者仅见本书图163。

图153 新莽 新有（刻娄）铭四灵博局镜

直径：18.7厘米；重量：830克

铭文：新有善铜出丹阳，和以银锡清且明，左龙右虎掌四彭（旁），朱爵（雀）玄武顺阴阳，
八子九孙治中央，刻娄（镂）博局去不羊（祥），家常大富宜君王，千秋万岁乐未央。
（镜钮外有十二地支）

书体：汉隶（夹杂少量悬针篆），十二地支为篆书

资料：《清华铭文镜》图55

图154　新莽　新有善铜出南乡铭四灵博局镜

在新莽镜铭中，有关铸镜地点者，多见"新有善铜出丹阳"，此铭"新有善铜出南乡"当属罕见。《神异志》："丹阳铜似金，可锻作器。"《汉书·食货志》："金有三等……赤金为下。"注引孟康曰："赤金，丹阳铜也。"又，《汉书·地理志》载：汉武帝元封二年（前109年）"改故鄣为丹阳郡，郡治苑陵（今安徽宣州）"。其地理位置相当于今天安徽长江以南，江苏大茅山及浙江天目山以西，浙江新安江支流武强溪以北区域。从20世纪80年代始，大量考古发现证实：汉丹阳郡正是古"丹阳铜"的主要产地，具体位置应是今日安徽之铜陵。

"新有善铜出南乡"之南乡，本意应作"南方"解，汉时唯丹阳一地设铜官，故"南乡"亦可认为是"丹阳"。另一种解释应是"南山之乡"，《越绝书》载："越国都城（大城）以南为山区，统称南山。"《水经注》曰："练塘，勾践炼冶锡铜之处，采炭南山。"

《镜涵春秋》图60（直径17.4厘米，重量809克）为西汉末至新莽之博局镜，有铭八句七言（仅第四句漏"子"字），其首句铭文："□有善同出堂浪。"堂浪，即堂琅，《汉书·地理志上》：犍为郡有堂琅县，出铜，当时有"堂琅铜，朱提银"的说法。谭其骧《简明中国历史地图集》："犍为郡，治武阳，今四川彭山东。"

图154 新莽 新有善铜出南乡铭四灵博局镜

直径：20.9厘米；重量：1066克

铭文：新有善铜出南乡，巧工调涑清（青）黄色，尚方用竟（镜）四夷服，多贺王氏天下复，官位尊显蒙禄食，幸逢时年五谷孰（熟），长保二亲子孙力，传之后世乐毋極。

书体：莽式汉隶

资料：陈学斌先生

图155 新莽 新有善同（铜）出丹阳铭瑞兽博局花边镜

此类花边镜有一定的存世量，只是常见者多为汉尺7寸（16.17厘米）和汉尺6寸（13.86厘米）。这些花边纹饰将具象内容与抽象概念巧妙地组合在一起，对观赏者有一种难以割舍的吸引力，堪称美学经典。在《湖南出土铜镜图录》一书中，发现其图69、图74、图76、图81、图82等5镜，皆为此类花边镜，说明汉时楚地工匠，有着高超的艺术才华。

此镜末句缺两字，齐全者似应为"八子九孙治中央"。新莽时期，王莽家族占据高位要职，而早在王莽登上皇位约40年前的元成之际，王氏子孙在西汉王朝中就已纷纷占据要津。《汉书·王莽传》载："元后父及兄弟皆以元、成世封侯，位居辅政，家凡九侯五大司马，语在《元后传》。"详见本书图159说明。"八子九孙治中央"的铭文，无论放在新莽时期还是40年前的元成之际，均有可靠的历史依据。另见图159之释读。

图155　新莽　新有善同（铜）出丹阳铭瑞兽博局花边镜

直径：18.5厘米；重量：879克

铭文：新有善同（铜）出丹阳，和已（以）银锡青且明，左龙右虎主四彭（旁），八子九
　　　孙治。

书体：悬针篆

资料：《汉铭斋藏镜》图110

图156　新莽　新家作竟真毋伤铭四灵博局镜

史料明确告诉我们，永始元年（前16年）王莽被赐封为新都侯，其封地在"南阳新野之都乡"。无论其以后的地位怎样变化：大司马、太傅、安汉公、宰衡、假皇帝（居摄）、真皇帝。然其皆是发迹于新都侯，根据地在"新野之都乡"。王莽立国称号为"新"，说明在王莽的心里，新朝的"新"就是新都侯的"新"。在王莽逐步地夺取皇位的过程中，他早就把"新"字当成了未来的国号。这个过程中，即使提前用了"新"字，因为他是新都侯，也不存在"犯上作乱"的嫌疑。

"新家作竟"的用词证明，王莽以家代国。此铭首句表示，新莽王氏天下的铜镜必是出自于尚方官制。铭文其他内容系通常所有之祈祥文化，免赘述。

图156 新莽 新家作竟真毋伤铭四灵博局镜

直径：20.8厘米；重量：1046克

铭文：新家作竟真毋伤，巧工刻之成文章，左龙右虎辟不羊（祥），
　　　朱鸟玄武顺阴阳，子孙备具居中央，上有仙人以为常，
　　　长保二亲乐富昌，寿敝金石如侯王，宜马牛羊。

书体：莽式汉隶

资料：《古镜今照》图68

图157　新莽　新朝治竟子孙息铭四灵博局镜

新莽王朝简史：永始元年（前16年），"封莽为新都侯"；元始元年（1年）正月，王莽从半年前的大司马再次加官晋爵，"拜为太傅，赐号安汉公"，开始大权独揽；居摄元年（6年）王莽摄政，成为"摄皇帝"（世称"假皇帝"），实际上统治了西汉王朝；居摄三年（8年）十二月王莽废汉登基，当上真皇帝；始建国元年（9年）正月新莽王朝成立；天凤二年（15年）各地起义，匈奴再反，新莽开始败落；地皇四年（23年）王莽被杀，新莽灭亡。

以国号"新"字起首的铭文镜，多见"新有善铜出丹阳"，少见"新兴辟雍建明堂"，罕见"新朝治镜子孙息""新家作镜真毋伤""新家作镜出尚方""新有善铜出南乡"等，详见《止水集·莽式铭文镜》。此铭镜类在《金索》《小校经阁金文拓文》等古籍中亦有所见。

图157 新莽 新朝治竟子孙息铭四灵博局镜

直径：19.7厘米；重量：828克

铭文：新朝治镜子孙息，多贺君家受大福，位至公卿蒙禄食，幸得时年获嘉德，传之后世乐无极，大吉。（镜钮外有十二地支铭）

书体：悬针篆（有变体），十二地支为篆书

资料：《清华铭文镜》图57

图158　新莽　新兴辟雍建明堂铭四灵博局镜（一）

《汉书·王莽传》载：元始四年（4年），"是岁，莽奏起明堂、辟雍、灵台，为学者筑舍万区，作市、常满仓，制度甚盛。"《西汉礼制建筑遗址》第226页云："本遗址（即辟雍明堂）距离长安城南城墙约1公里许，位于安门南大道东侧……西汉元始年间（1—5年）修建的明堂、辟雍、太学正分布在这一带。"由此可知，新兴铭莽式镜最为完整的制式铭文的主要内容，就是描绘王莽从元始元年（1年）掌握大权封"安汉公"开始，于西汉末年所制定新王朝都城的宏伟蓝图，详见《止水集·莽式铭文镜》。

图158 新莽 新兴辟雍建明堂铭四灵博局镜（一）

直径：18.1厘米；重量：775克

铭文：新兴辟雍建明堂，然于举土列侯王，将军令尹民户行，诸生万舍在北方，郊祀星宿并囗皇，子孙复具治中央。（钮座外有十二地支铭）

书体：悬针篆，十二地支为篆书

资料：《清华铭文镜》图53

图159　新莽　新兴辟雍建明堂铭四灵博局镜（二）

《汉书·元后传》载：竟宁元年（前33年）"元帝崩，太子立，是为孝成帝……以凤为大司马大将军令尚书事。益封五千户……又封太后同母弟崇为安成侯，食邑万户。凤庶弟谭等皆赐爵关内侯，食邑。"同书载：河平二年（前27年）"上悉封舅谭为平阿侯，商成都侯，立红阳侯，根曲阳侯，逢时高平侯。"《资治通鉴·汉纪二十二》亦载：阳朔元年（前24年）"王氏子弟皆卿、大夫、侍中、诸曹，分据势官，满朝廷。"

同书又载："二子（莽长子、莽次子）前诛死，乃以临（莽四子）为皇太子，安（莽三子）为新嘉辟（师古曰：取为国君之义），封宇（莽长子）子六人：千为功隆公，寿为功明公，吉为功成公，安为功崇公，世为功昭公，利为功著公。大赦天下……又按金匮，辅臣皆封拜……安阳侯王舜（莽之堂弟）为太师，封安新公……丕进侯王寻为大司徒，章新公……成都侯王邑（莽之堂弟）为大司空，隆新公……京兆王兴为卫将军，奉新公……京兆王盛为前将军，崇新公。凡十一公……封王氏齐缞（即五服之一）之属为侯，大功为伯，小功为子，缌麻（五服中最轻的一种）为男……"可谓王氏权势，炙手可热，权倾天下。

"八子九孙治中央"在图155还有释读，免赘述。

图159　新莽　新兴辟雍建明堂铭四灵博局镜（二）

直径：15.4厘米；重量：565克

铭文：新兴辟雍建明堂，然于举土列侯王，将军令尹民户行，八子九孙治中央。

书体：悬针篆

资料：陈学斌先生

图160 新莽 新兴辟雍(单于)铭四灵博局镜

凡此类镜第二句首字多是带有贬义的"然于",唯个别镜为正规之"单于"。有关此镜铭文内容,可详参《新莽镜单于举土铭考释》与《新莽镜单于举土铭续考》两文,分别刊于《中国文物报》2008年6月25日与2008年12月17日(《止水集》有载),主题词是"证实西汉末新莽与匈奴之间的一段和平历史"。另见本书上册证史篇《新莽镜"单于举土"铭研究》。

此镜问世年代有可能在居摄初或居摄前,镜铭首字的"新"字多作"新莽"之释,还可理解为"新都侯"之"新"。由图117可知,悬针篆书体更早地在西汉晚期就已出现。相对而言,新兴铭莽式镜书体展示了一种规整大气的典雅特色。

图160 新莽 新兴辟雍（单于）铭四灵博局镜

直径：14.4厘米；重量：476克

铭文：新兴辟雍建明堂，单于举土列侯王，将军大尹民户行，
　　　八子九孙治中央，常服此镜寿命长。

书体：悬针篆

资料：《清华铭文镜》图54

图161　新莽　黄帝治竟四夷服铭四灵博局镜

以本书上册科技篇《新莽官制镜的标准与制式》一文中的十个标准来衡量此镜，可以确认，这是一面高档次的新莽官制镜。依照本书图77表格数据，此镜直径为罕见的标准汉尺11寸。从铭文内容看，此铭除了首字"黄帝"之外，其余皆系"王氏"镜铭的翻版。故而，此镜又是最大尺寸的"王氏"镜。对于"王氏"镜，本书图150、图151、图152已有详尽释考。

王莽为篡位的"名正言顺"，给自己制造了王莽家族是黄帝后裔的"理论依据"。《汉书·王莽传》："惟王氏，虞帝之后也……以著黄、虞之烈焉。自黄帝至于济南伯王（唐颜师古注曰：'济南伯王，莽之高祖'）而祖世氏姓有五矣（晋孟康注曰：'黄帝之后也'）。"

图161 新莽 黄帝治竟四夷服铭四灵博局镜

直径：25.6厘米；重量：1505克

铭文：黄帝治竟四夷服，多贺新家人民息，官位尊显天下复，幸逢时年五谷孰（熟），
上有龙虎四时宜，长保二亲子孙力，传之后世乐毋亟（极）兮。

书体：莽式汉隶

资料：《古镜今照》图69

图162　新莽　凤皇翼翼在镜则铭四灵博局镜

《后汉书·张衡传》："衡常思图身之事，以为吉凶倚伏，幽微难明，乃作《思玄赋》。"其辞曰："纷翼翼以徐戾兮，焱回回其扬灵。"注曰："翼翼，飞貌。"凤凰起舞曾见之于《尚书·益稷》："鸟兽跄跄，《箫韶》九成，凤凰来仪。"唐孔颖达《尚书正义》释曰："鸟兽化德，相率而舞。"嘉德，美德。《左传·桓公六年》："奉酒醴以告曰：'嘉栗旨酒。'谓其上下皆有嘉德而无违心也。"此镜外，《籑斋藏镜》下七见有相同器物，河南襄城湛北亦有出土。

可以认为，国家用"新家""君家"或"官家"来代替，"二"字以双鱼（亦见双鸟）纹展现，"四"字用四横笔表示，"七"字与"桼"通假，如此之类，都是居摄至新莽间镜铭在文字上标新立异的一种时代特色，已成为辨识莽式镜的重要标志。相对而言，此铭书体彰显超凡脱俗的华贵气质，在悬针篆中独树一帜，可作范本。

图162　新莽　凤皇翼翼在镜则铭四灵博局镜

直径：21.1厘米；重量：1055克

铭文：凤皇（凰）翼翼在镜则（侧），到贺君家受大福，官位尊显蒙禄飤（饲），
幸逢时年获嘉德，长保二亲得天力，传之后世乐毋已。（钮座外有十二地支铭）

书体：悬针篆

资料：《清华铭文镜》图52

图163　新莽　作佳镜（刻娄）铭四灵博局镜

此铭之"传"当释为驿站或驿站的车马，《左传·成公五年》："梁山崩，晋侯以传召伯宗。"杜预注："传，驿。"趣莊，当为"趣装"之同音借代，意谓赶紧整顿行装。一车四马即谓驷马，《老子》："虽有扶壁，以先驷马，不如坐进此道。"《史记·管晏列传》："其夫为相御，拥大盖，策驷马，意气扬扬，甚自得也。"

国内外所见"刻娄"铭莽式镜，多以"新"或"汉"为首字，唯此镜以"作佳镜"为首句，且铭文内容完全与众不同。先从字体分析，"四"字用四横笔代替，这是新莽镜的重要特征，再从四灵布局的龙虎错位来分析，此镜似铸于管理放松的新莽后期或东汉早期。

图163 新莽 作佳镜（刻娄）铭四灵博局镜

直径：15.7厘米；重量：606克

铭文：作佳镜，清且明，葆（保）子孙，乐未央，车当传驾骑趣莊，出乘四马自有行，男□□（则封）侯女嫁王，刻娄（镂）博局去不羊（祥），服此镜，为上卿。（镜钮外有十二地支铭）

书体：汉隶（十二地支为篆书）

资料：《清华铭文镜》图56

图164　新莽　上华山凤皇集铭四灵博局镜

"上大（太）山"镜存世量较多，"上华山"镜在少见之列。古人崇拜大山，《史记·卷二十八》有载："自古受命帝王，曷尝不封禅？"舜巡五岳，"八月，巡狩至西岳。西岳，华山也。"《括地志》："华山在华州华阴县南八里。"华山主峰太华山古称西岳，民间尊为神山。河南洛阳东汉早期墓出土三句七言之同类镜（直径16.7厘米），其铭云："福憙进兮日以前，食玉英兮饮澧泉，驾交龙兮乘浮云，白虎引兮上泰山，凤凰集兮见神仙，保长命兮寿万年，周复始兮八子十二孙。"两镜铭文"寿万年"中之"万"字，可谓是今体"万"字之始祖，距今已整2000年。

《小校经阁金文拓本》亦藏一镜，两器相比，似为同模。

饶宗颐《天发神谶碑跋》："余谓《天玺纪功碑》乃以隶作篆，而篆势则往笔收尖，用悬针法，故结体开张，大抵上二下三，具见颓若垂颖之态。"此镜书体较为草率。

图164　新莽　上华山凤皇集铭四灵博局镜

直径：20.7厘米；重量：1142克

铭文：上华山，凤皇（凰）集，见神鲜（仙），保长命，寿万年，周复始，传子孙，福禄进，
　　　日以前，食玉英，饮澧（醴）泉，驾青龙，乘浮云，白虎弓（引）。（镜钮外有十二地支铭）

书体：悬针篆（细长、减笔），十二地支铭为篆书

资料：《清华铭文镜》图58

图165　新莽　上大山见仙人铭四灵博局镜

"大"系"太"之古字，古称泰山为大山。《墨子·非攻中》："北而攻齐，舍于汶上，战于艾陵，大败齐人，而葆之大山。"苏时学云："大山即泰山，篇中太多作大，《鲁问篇》齐太王作大王是也。"《庄子·盗跖》："盗跖乃方休卒徒大山之阳。"

莽式铭文镜多为七言句式，少见三言句式。此镜铭文系在相邻的三言中，加入语气词"兮"字而成七言句式，增添了楚辞韵味。北京赏心斋有同类三言改七言之铭文："上此大山见神人，久宜官秩葆子孙，君食玉英兮饮澧泉，参驾蛟龙乘浮云。"两种句式，情趣各有千秋。

此铭书体别具一格，多有方折的笔画在悬针篆中少见。《丹阳铜镜青瓷博物馆·千镜堂》图91（直径19厘米）与此镜相比，形制、书体完全一致。两镜若放在一起比较，好似一双仅是尺寸不一的同类器物，这将对研究汉代工匠的制作技艺有所裨益。

图165 新莽 上大山见仙人铭四灵博局镜

直径：16.5厘米；重量：676克

铭文：上大（太）山兮见仙人，食玉英兮饮澧（醴）泉，驾交（蛟）龙兮乘浮云，宜官秩，保子孙。（镜钮外有十二地支铭）

书体：悬针篆（方折），十二地支铭为篆书变体

资料：《清华铭文镜》图59

图166 新莽 昭君面目白黑分铭瑞兽博局镜

此镜四灵布局不甚规范，可以认为其不在新莽官制镜之列。第三句铭文"自生文"更是透露了铸镜者不按常规书写的信息。《江苏实成2011秋拍》图431（直径14.1厘米）有铭："作佳镜哉真大兰，容貌甚好贵人观，昭君面目白黑分，侯王重古长宜子。"

"兰"即"烂"，本意为明亮、有光芒。《诗经·郑风·女曰鸡鸣》："明星有烂。"《观沧海》："星汉灿烂，若出其里。"镜铭"作佳镜哉真大兰"即夸耀佳镜映面明亮清晰，与"囗氏作镜清而明"含义相近。另，"兰"作"难"，意谓铸制精美铜镜十分困难。"市"，即购买。《国语·齐语》："以其所有，易其所无，市贱鬻贵。""臣"，古人表示谦卑的自称，多见于秦汉以前。《史记·高祖本纪》："臣少好相人。"裴骃《集解》引张晏曰："古人相与语多自称臣，自卑下之道，若今人相与语皆自称仆。"恩，即"德泽"。《孟子·梁惠王下》："今恩足以及禽兽，而功不至于百姓者，独何与？"

承李学勤老师悉心指教，此铭之若干关键词（如不争之"争"字）得以顺利释读。这里试用今天的语言来理解，大致如下："铸制一面好镜，确有不少困难；镜纹饰以禽兽，形成一组图案。除了冶炼铜锡，还要自编铭文；照着你的面目，脸上有脏清楚。大人若想购买，可来我的作坊；因为质量上乘，不必讨价还价。"

图166 新莽 昭君面目白黑分铭瑞兽博局镜

直径：19.2厘米；重量：937克

铭文：作佳镜哉真大兰（难），上有禽守（兽）相因连，湅治铜锡自生文，
　　　昭（照）君面目白黑分，大夫欲市入臣门，不争贾直（价值）贵其恩。

书体：莽式汉隶

资料：《汉铭斋藏镜》图109

图167 新莽 昭容貌身万全铭四灵博局镜

　　此铭三言共九句27字，与图168相比少了五句15字。第七句"长虞志"之"虞"字应作研讨，或释"堂"或释"裳"，详见图168之说明。首字"昭"通假"照"，即照亮、照耀之意。《三国志·曹植传》："惠洽椒房，思昭九族。"本书除此镜外，还有图40为"昭美人"，图166为"昭君面目"，图168为"昭匈胁"，图169为"昭圆目"；此外，还有《汉铭斋藏镜》图113为"昭圆目"铭八乳博局镜。

图167　新莽　昭容貌身万全铭四灵博局镜

直径：17.0厘米；重量：704克

铭文：昭容貌，身万全。象衣服，好可观。宜佳人，心意欢。
　　　长虞志，固常然。葆子孙。

书体：悬针篆

资料：《古镜今照》图71

图168　新莽　昭匋胁身万全铭四灵博局镜

此铭三言共十四句42字，是一面经典的三言铭文镜，其内容在《清华铭文镜》等书中多有释读。全文第七句第二字的下半部是"天"字，查无出处，或是未能证实的古汉字，或是工匠自造的错别字。《三槐堂藏镜》图80释作"棠"，通假"堂"；冈村秀典《西汉镜铭集释》419释作"裳"，通假"尚"。"尚志"即高尚其志或崇尚志节，《孟子·尽心上》："王子垫问曰：'士何事？'孟子曰：'尚志。'"朱熹集注："尚，高尚也。"《庄子·刻意》："野语有之曰：'众人重利，廉士重名，贤人尚志，圣人贵精。'"

图168 新莽 昭匈胁身万全铭四灵博局镜

直径：16.6厘米；重量：632克

铭文：昭匈胁，身万全。象衣服，好可观。宜佳人，心意骠。长虞志，
　　　固常然。食玉英，饮醴泉。驾蜚（飞）龙，乘浮云。周复始，传子孙。

书体：汉隶

资料：《汉铭斋藏镜》图106

图169 新莽 新有昭面目铭重圈博局镜

居摄三年（8年）十二月，王莽"废汉登基"，建立"新"朝，次年改元"始建国"，史称"新莽"。政治上的"新莽"，只维持了短短的十余年即被推翻，但新莽镜在铜镜发展史上却流光溢彩，分外夺目。新莽镜不仅继承了西汉镜的规整华美、浑厚大气，而且为配合政治和经济上的"复古改制"，对铜镜形制和铭文内容等方面均进行了包括复古和创新在内的双重变革。

与本书图165之方折悬针篆相比，此镜似更加方折。其书体和铭文排列，在新莽镜中难得一见。

图169　新莽　新有昭面目铭重圈博局镜

直径：15.6厘米；重量：520克

铭文：内：昭面目，身万，宜官，衣服，好可观，君宜官秩葆子孙。

外：新有善同（铜）出丹阳，和以锡，清且明，左龙右虎主四方，朱雀玄武循阴阳，子孙具，治中央。

书体：悬针篆（方折）

资料：《汉铭斋藏镜》图112

图170 新莽东汉 驾非龙乘浮云铭八乳简博镜

"非",即"蜚",通"飞"。《庄子·秋水》:"夫折大木,蜚大屋者,唯我能也。"《韩非子·外储说左上》:"墨子为木鸢,三年而成,蜚一日而败。"陈奇猷《集释》:"蜚、飞同。"《史记·苏秦列传》:"毛羽未成,不可以高蜚;文理未明,不可以并兼。""礼"通醴,《吕氏春秋·本味》:"醴水之鱼,名曰朱鳖。"高诱注:"醴水在苍梧,环九疑之山。""醴泉",即甜美的泉水。《礼记·礼运》:"故天降膏露,地出醴泉。"

此镜虽是悬针篆书体,但用圆形粗凸弦纹代替凹面方框,在博局纹中又缺少L纹,再就是将四灵改为神兽,其年代应在新莽晚期至东汉早期。

图170 新莽东汉 驾非龙乘浮云铭八乳简博镜

直径：14.3厘米；重量：517克

铭文：驾非（蜚）龙，无（乘）浮云。上大山，见神人。
食玉英，饮礼（醴）泉。宜官秩，葆子孙。

书体：悬针篆

资料：《汉铭斋藏镜》图114

酉类

东汉三国　铭文镜　纪年镜

图171 东汉早期 桼言之纪从镜始铭八乳博局镜

在同类器物中，有见"汉有善铜出丹阳"铭文首句者。从形制、纹饰、铭文布局等因素考知，此镜问世年代应在新莽末至东汉初。镜铭"始""涷""治"等字的细长飘逸书体，具有妩媚动人的女性美。

铭文首字"桼"，历来有不同的解读，或作"黍"，或作"来"。这里应为"漆"字的省偏旁，与"七"谐音。当时的重要镜铭大多七言，铭文句首之"桼（七）"乃系新莽风尚。"恶宰"当为"恶滓"之省笔，谓不良杂质。由此可见，镜铭虽明言铸镜工艺，却暗喻着做人的修养。

图171 东汉早期 泰言之纪从镜始铭八乳博局镜

直径：13.9厘米；重量：411克

铭文：泰言之纪从竟始，湅治铜锡去恶宰，长葆二亲利孙子。

书体：悬针篆（有变体）

资料：《汉铭斋藏镜》图115

图172　东汉早期　景公之象铭四乳瑞兽镜

此铭首句在本书图136已有释读，末句之尾缺绝字。此镜悬针篆书体婀娜多姿，俊逸秀丽，堪称经典。

《初学记》卷二一引北魏书法名家王愔《文字志》曰："悬针，小篆体也。字必垂画细末，细末纤直如针，故谓之'悬针'。"东汉初，汉章帝赞悬针书："如金盘泻珠，风篁杂雨，八分玄妙，一字千金"。饶宗颐《天发神谶碑跋》："悬针体实有提倡的必要，加以春秋六国用此型书写的资料如《侯马盟书》等，可供参考者甚多，重行振兴曹喜的书风，在今日是不难，而且是必要的。"林素清《华夏之美——篆刻》："有一种很特别的书体，就是每字竖笔都儘量伸长下垂，而末端尖细，好像是悬针一般，故称为悬针篆。这种书体与魏《正始石经》小篆的写法类似，其源流早在战国时代，如楚国舍肯鼎。也称长脚篆。"相对而言，此铭部分书体表现了一种妩媚动人的秀美风姿。传说，东汉章帝常将悬针书悬于帐内，赏叹不已。

图172　东汉早期　景公之象铭四乳瑞兽镜

直径：19.0厘米；重量：1001克

铭文：景公之象兮吴娃之兑（悦），作于明镜兮象似日之月，长相思兮世不。

书体：悬针篆

资料：《古镜今照》图89

图173　东汉中晚　贞夫铭神人青龙画像镜

2004年，浙江省余杭县出土一面直径24厘米的同铭镜。2006年，《收藏家》杂志第3期（总113期）发表了王牧《东汉贞夫画像镜赏鉴》一文。此文有载："根据此画像镜的榜题和画面，推测与古代民间传说韩朋与贞夫的爱情故事有关（下简称"韩朋故事"），镜中所题宋王，可能是战国后期宋国的亡国之君宋康王宋君偃。韩朋故事发生的背景在战国时期的宋国，一直以来，它屡屡出现于古代文学作品和各种艺术形式中，且被演绎得十分凄婉动人。如晋干宝的《搜神记》，唐代敦煌变文中的《韩朋赋》，宋元歌谣《青陵台歌》《乌鹊歌》，元杂剧《列女青陵台》，明万历传奇《韩朋十一义》，清代《东周列国志》，甚至越剧《相思树》、川剧《青陵台》等，包括连理枝、相思树等美丽比喻，都与该故事有关……韩朋故事虽然是文学创作的常用题材，但在铜镜中出现尚属首次。浙江出土画像镜甚多，从类别而言，神仙车马和历史故事类最为典型。"

图173　东汉中晚　贞夫铭神人青龙画像镜

直径：22.3厘米；重量：1668克

铭文：内区对举铭：贞夫，东王公，西王母，宋王。

　　　周铭：杨氏作竟四夷服，多贺国家人民息，胡虏殄灭天下复，

　　　　　　风雨时节五谷孰（熟），长保二亲得天力，传告后世乐无及，至福。

书体：汉隶

资料：《古镜今照》图146

图174　东汉（91）　永元三年铭神人白虎画像镜

永元三年是东汉和帝刘肇在位的第三年，即公元91年。

此镜书体还保留了新莽官制镜的莽式汉隶（横笔两端出尖），这是一个饶有兴趣的问题。此前一般认为，新莽书体对东汉的影响可至章帝。事实上，文化延续比较漫长，此镜即为一例。

东汉早期纪年镜比此镜更早者尚有多面，详见下表：

年号	公元	直径（厘米）	主纹	特殊语句、说明	资料来源
永平二年	59	23.2	七乳神兽	完全沿用新莽尚方镜铭	《中原古镜聚英》图135
永平七年	64	18.8			《汉三国六朝纪年镜图说》图版4
永平七年	64	13.7	八连弧云雷	"公孙家作竟。竟宜三百"	美国纽约私人
永平十七年	74	14.0	八禽博局	可谓最迟之博局主纹	陈学斌先生
元和三年	86	18.8	七乳神兽	"在于民间有此镜"	《广西铜镜》图51
章和元年	87	13.1	对置式神兽	另有2面龙虎主纹	《故宫藏镜》图61
章和	87、88	15.0	龙虎	"刻画云气龙虎虫"	《六安出土铜镜》图135

图174　东汉（91）　永元三年铭神人白虎画像镜

直径：24.3厘米；重量：1634克

铭文：内区对举铭：永元三年。

周铭：石氏作竟世少有，东王公，西王母，人有三仙侍左右，后常侍，名玉女。云中玉昌□□鼓，白虎喜怒毋央咎，男为公侯女□□，千秋万岁生长久。

书体：莽式汉隶

资料：《古镜今照》图141

图175 东汉（105） 元兴元年铭变形四叶兽首镜

元兴元年是东汉和帝刘肇在位的第十七年，即公元105年。

此镜问世在东汉早中期之际，可谓是变形四叶兽首镜的早期器物，同时也从此开始了这类器物的新时代（其四大特色见图176说明）。由镜铭实例看，凡"广汉西蜀"造作的此类镜形制规整、铸造精湛、纹饰清晰、图文并茂，在东汉中晚期存世了约有一个世纪的时间，给中国铜镜史添上了浓墨重彩的一笔。

此镜铭文有几处需引起注意的内容。其一，首句"元兴元年"的"元"字之后，多了一个"二"字，不解其意，或为工匠误排；其二，"天大赦"少见（或有历史典故）；其三，此铭"广汉西蜀"为汉镜纪地的早期器物；其四，末句"位师命长"，在其他镜例中多见"其师命长"。

日本东京五岛美术馆另藏元兴元年铭环状乳神兽镜，直径8.9厘米，重量211克。

图175 东汉（105） 元兴元年铭变形四叶兽首镜

直径：15.8厘米

铭文：四叶：富且昌，乐未央，师命长，宜侯王。

周圈：元兴元二年五月丙午日，天大赦，广汉西蜀造作。

尚方明竟，幽涷三商，长乐未（央），宜侯王，富且昌，

位至三公，位师命长。

书体：汉隶

资料：南阳市博物馆

图176 东汉（156） 永寿二年铭变形四叶兽首镜

永寿二年是东汉桓帝刘志在位的第十年，即公元156年。

桓灵之际是东汉文化昌盛的一个标志时间，仅洛阳一地太学生就有三万余人，约为西汉武帝时期的一百倍。此镜属四叶兽首镜，其纪年时间应为此类铜镜之最早者。

作为一个在东汉晚期的独立镜种，变形四叶兽首镜有着诸多与众不同、标新立异的特色（详见本书上册专题篇《东汉变形四叶兽首镜研究》）：

（1）铭文——突出纪年，标注产地。

（2）问世——持续百年，多在桓灵。

（3）产地——多出广汉，少见南阳。

（4）连弧——数字缤纷，展现素数。

比对可知，此镜与《尊古斋古镜集景》图2似为同器，美国哈佛大学福格博物馆等处亦藏有永寿二年铭纪年镜。桓帝时期问世最早者，应为元嘉三年（公元153年）铭变形四叶兽首镜（《嘉德2009秋拍》图5709）。

图176 东汉(156) 永寿二年铭变形四叶兽首镜

直径:18.1厘米;重量:963克

铭文:永寿二年正月□□□□□□□作尚方明□竟(力),
□□□□长王□□□□□□□□。

书体:汉隶

资料:日本东京五岛美术馆

图177　东汉（160）　延熹三年铭变形四叶兽首镜

"延熹三年"是东汉桓帝刘志在位的第十四年，即公元160年。

东汉之广汉在今广汉市北，古称雒县，曾为益州刺史部与所属广汉郡治所之所在地。中国新石器时代至商周时期的早期蜀文化遗存——三星堆遗址，即在今广汉市的南兴镇三星村。毋庸置疑，这个地区从人文之初直至东汉魏晋，始终是华夏青铜器（包括铜镜）的一个铸造中心。东汉镜纪年、纪地并不少见，此铭结尾二字"山人"似为工匠留名，待考。

作为一个在东汉晚期盛行的独立镜种，变形四叶兽首镜有着诸多与众不同、标新立异的特色（见图176）。其最大特色，在于相对集中的纪年铭文与几何等分的连弧数字。变形四叶兽首镜最为流行的时间是在东汉桓灵之际，亦正是汉代教育最为发达的年代。

此镜以及一批延熹年号、熹平年号之纪年镜，正与东汉碑文盛行期的"桓灵之际"（共42年）同一时代。汉碑是国人顶礼膜拜的重器，其早期拓本如今都十分珍贵。《清华铭文镜》图69（残片）为同时代器物，其残存十字之汉碑书体似更规整华美。

使用专用工具，实测照容面之凸起高度，再经计算，可知此镜照容面之曲率半径为72.6厘米，正是汉尺3尺（误差+4.6%）。详见本书上册《东汉三国高凸镜面曲率半径研究》。

图177　东汉（160）　延熹三年铭变形四叶兽首镜

直径：15.4厘米；重量：479克

铭文：延熹三年五月丙午日造作。尚方明竟，广汉西蜀，幽涷三商，
　　　天王日月，位至三公兮，山人。

书体：汉碑隶书

资料：《汉铭斋藏镜》图116

图178　东汉（164）　延熹七年铭变形四叶兽首镜

延熹七年是东汉桓帝刘志在位的第十八年，即公元164年。

在变形四叶兽首镜中，"延熹"是存世最多的一个年号，查找纪年镜的资料可知有元年（158年）、二年（159年）、三年（160年）、六年（163年）、七年（164年）、九年（166年）、十年（167年）等。凡"延熹"年号的纪年镜，皆铸作精良纹饰清晰，故深受人们喜爱。

为有利于将整个人脸纳入镜面之中，东汉变形四叶兽首镜的照容面皆较高凸。对本书图177、184、196三镜进行测量及计算可知：在东汉中期至三国时代的百余年间，对于汉尺6寸（今13.9厘米）以上的大镜，其照容面之曲率半径，都约定成俗地控制在汉尺3尺（今69.3厘米）或是三国尺3尺（今72.6厘米）的尺度范围。

此镜双龙高钮少见。迄今所知，别3面东汉变形四叶兽首纹纪年镜亦有类同之双龙高钮：熹平元年（《止水阁藏镜》图95）、熹平二年（《鄂州铜镜》图36）、熹平三年（ARTIBUS ASIAE 第76页）。

图178 东汉（164） 延熹七年铭变形四叶兽首镜

直径：15.1厘米；重量：575克

铭文：延熹七年正月壬午，吾造作尚方明竟，幽湅三冈，买人大富，师命长。

书体：汉隶

资料：日本东京国立博物馆

图179　东汉（167）　永康元年铭环状乳神兽镜

永康元年是东汉桓帝刘志在位的第二十一年，即公元167年。

半圆方枚神兽镜的铸制水平在汉代属最高之列，其边缘图案的精细程度在汉镜铸造史上，堪称一流。此镜尺寸较大，品相完美，可称为同类镜之翘楚。此镜十分著名，已有诸多文字说明，在此不复赘述。

此镜与图183、图187纹饰的每个方枚之中，皆排布四字。此类镜的共性是铸制精湛，版模上乘。

存世另见多面永康元年铭纪年镜：《鄂州铜镜》图35、日本东京书道博物馆、日本和泉市久保惣纪念美术馆等。

图179 东汉(167) 永康元年铭环状乳神兽镜

直径:16.3厘米;重量:820克
铭文:永康元年,正月午日,幽涑黄白,早(造)作明镜,买者大富,延寿命长,
上如王父,西王母兮,君宜高位,位至公侯,长生大吉,太师命长。
书体:汉隶
资料:上海博物馆

图180　东汉（169）　建宁二年铭变形四叶兽首镜

建宁二年是东汉灵帝刘宏在位的第二年，即公元169年。

此镜直径属最大者。迄今所知，南阳市博物馆藏有直径为21.5厘米的建宁元年铭变形四叶兽首镜。此镜内区铭文12字，一周主铭59字，全部71字，在同类镜中，铭文数字属最多者。

铭文中"白同"即为"白铜"，颇有趣味。现在的概念，白铜主要是银白铜或镍白铜。汉代的"白铜"似可理解是：当镜之含锡量较高时，遇到某些特定的条件（如电磁变化），使锡的成分聚析于表面，一如唐镜中之"水银沁"。何堂坤《中国古代铜镜的技术研究》一书的大量数据表明，在中国古代铜镜的原料成分中，皆不含银、镍成分。此铭"白同"的实际称谓（即今日的科学称谓），应称"高锡青铜"。

存世另见建宁元年铭变形四叶兽首镜（南阳市博物馆）。

图180　东汉（169）　建宁二年铭变形四叶兽首镜

直径：19.8厘米；重量：813克

铭文：建宁二年正月廿七丙午，三羊作明镜自有方，白同（铜）清明复多光，买者大利家富昌，十男五女为侯王，父媪相守寿命长，居一世间乐未央，宜侯王，乐未央。

书体：汉隶

资料：日本东京五岛美术馆

图181　东汉（175）　熹平四年铭变形四叶神兽镜

熹平四年是东汉灵帝刘宏在位的第八年，即公元175年。

东汉纪年镜铭文中多有"丙午日"（或简称"丙午"）的字样，此镜即为一例。中国古代历法，用天干地支来规划天、月、日、时，预测学称为"四柱"。丙午日是日柱循环的六十分之一日。在六十天干地支中，丙午日的顺序是第43位。论阴阳五行，天干之丙属阳之火，地支之午亦属阳之火，故而丙午日的"阳气"最旺，"火气"最盛。

此镜连弧数23是典型的素数。汉镜的客观存在证实，素数问题在公元前2世纪时就已被应用在生活实践之中。以连弧纹为主体的汉镜纹饰，在用尺规对圆形作几何等分的构图中，素数17虽已被近代德国大数学家高斯破解，然不知汉人面对诸多素数（11，13，17，19，23，29等）如何解决。

图181　东汉（175）　熹平四年铭变形四叶神兽镜

直径：17.8厘米

铭文：熹平四年正月丙午，吾造作尚方明镜，广汉西蜀，合涷白黄，
舟（周）刻无亟，世得光明。买人大富长子孙，延年益受（寿），
长乐未央兮。

书体：汉隶

资料：重庆市博物馆

图182 东汉（182） 光和五年铭环状乳神兽镜

光和五年是东汉灵帝刘宏在位的第十五年，即公元182年。

此镜铭文既纪年又纪地，有着重要的文化内涵。汉灵帝在位共23年，有四个年号，多见熹平，少见中平，罕见建宁、光和。"广汉西蜀"之铭多在变形四叶兽首镜中出现，本书上册专题篇《东汉变形四叶兽首镜研究》表一汇总了二十面纪年铭的兽首镜，其中七面有纪地（六面"广汉西蜀"、一面"广汉造作"）。神兽镜纪地多见"吴郡"（应是东汉会稽郡所属），此镜的出现表明：在西去一千余公里的西蜀（四川）广汉，亦有铸制神兽镜的作坊。

此镜铭文的奇特之处：其一，工匠粗心，误将"丙午"铸成"午丙"；其二，"世得光明"之词在同类中少见，或许有其地方性、时间性的特色；其三，铭文中的两个"寿"字，均皆通假"受"字。惜此镜多处遭锈蚀，致使部分铭文不清，留下些许遗憾。

存世另见光和元年（《汉三国六朝纪年镜图说》汉22）、光和四年（湖北省十堰市博物馆）铭变形四叶兽首镜。

图182　东汉（182）　光和五年铭环状乳神兽镜

直径：15.9厘米；重量：566克

铭文：方枚：吾作明竟自有□，□□□□□。

周圈：光和五年正月十三日午丙，广汉西蜀造作。尚方明竟，世得光明。天王日月，位至三公。宜侯王，乐未央。生如山石富且昌，□□富贵受命长。受如东王公西王母，仙人王乔赤□。

书体：汉隶

资料：《止水阁藏镜》图96

图183 东汉（187） 中平四年铭环状乳兽首镜

中平四年是东汉灵帝刘宏在位的第二十年，即公元187年。

此镜与图179两镜铭文皆置于"方枚"之中，且每一方枚都是一分为四而纳入四字。两镜的总体形制、纹饰布局、铭文内容、文字书体等皆同一风格，主要不同之处在于此镜为13（素数）等分，而图179镜是12（非素数）等分。两镜的具体铸制年代只相差20年，有理由认为：此两镜很可能出自同一地区（河南？），或是出自同一作坊甚至同一工匠。

存世另见中平二年铭六乳瑞兽镜（台北一雅堂）、中平四年铭变形四叶兽首镜（南阳市博物馆）中平六年铭方格瑞兽镜（东京五岛美术馆）。

图183 东汉（187） 中平四年铭环状乳兽首镜

直径：19.2厘米；重量：1360克

铭文：中平四年，五月午日，幽湅白同，早作明竟，
买者大富，长宜子孙，延年命长，上如王父，
西王母兮，大乐未央，长生大吉，天王日月，太师命长。

书体：汉隶

资料：上海博物馆

图184 东汉中晚 吾作铭变形四叶兽首镜（22连弧）

此镜铭文皆为经典吉祥用语，在东汉镜中较为常见，其间"辟不"后缺"羊（祥）"字，"氏"与"是"通假。在变形四叶中有"长宜子孙"四个大字，全镜边缘为22连弧。有少许边缘较薄的此类镜（如《清华铭文镜》图69），其行文规范，句式完整，书体精美（与东汉碑文接近），属镜铭中之凤毛麟角。此镜书体稍差，多了些随意性。

使用专用工具，实测高凸照容面之凸起高度，再经计算，可知照容面之曲率半径为68.9厘米，恰是汉尺3尺（69.3厘米）。详见本书上册《东汉三国高凸镜面曲率半径研究》。

图184　东汉中晚　吾作铭变形四叶兽首镜（22连弧）

直径：16.9厘米；重量：404克

  铭文：吾作明竟，幽湅三冈，巧工刻之成文章，上有守（兽），辟不，
    富（福）录（禄）氏（是）从，大富昌，宜牛羊，为吏高升至侯王，
    乐未央，夫妻相宜师命长。

  书体：汉隶

  资料：《汉铭斋藏镜》图117

图185 东汉中晚 吾作铭变形四叶兽首镜（24连弧）

兽首镜常为纪年镜，铭文多有某年某月某日，如《中国铜镜图典》图375、图376、图377、图378分别为元兴元年（105年）、永康元年（167年）、建宁元年（168年）、熹平三年（174年）之纪年镜。此镜虽少了年号，却多了"日中时"。在风水学上，"五月五日丙午日中时"即"火月火日火时"，阴阳五行中，火克金，铭文也即表示为"吉月吉日吉时"。铭文"得三光"意为得天象之祥瑞，《白虎通·封公侯》云："天有三光，日、月、星。"据上海辞书出版社《中国史历日和中西历日对照表》可知，此镜铸于五月五日若逢丙午，有可能是东汉顺帝永和四年（139年），其时辰选择最是符合"火月火日火时"的铸镜要求，此铭当是道家"火克金"理念的集中体现。

此镜边缘一周47字铭文为标准汉隶，钮座外"长宜子孙"四字系加以"规摹"（美术设计）后的加长悬针篆。

图185　东汉中晚　吾作铭变形四叶兽首镜（24连弧）

直径：12.1厘米；重量：248克

铭文：内圈：长宜子孙

外圈：吾作明镜，幽涷三刚，周刻无极，众华主阳，圣德神明，五月五日丙午日中时，得三光，制作师，照见人刑（形），位至三公，子孙吉昌。

书体：悬针篆（美术化）、汉隶

资料：《清华铭文镜》图67

图186　东汉中晚　吾作铭变形四叶兽首镜（32连弧）

此铭书体稍逊于《清华铭文镜》图69。经与著名的《张迁碑》《熹平残碑》《白石神君碑》《西狭颂碑》对比，书体较为接近。这些碑文多出自教育发达、文化昌盛的东汉桓灵之际（147—189年），此类镜铭应由当时的书法家定稿，再交名匠铸制。

东京五岛美术馆藏"建宁二年（169年）铭变形四叶兽首镜"（直径19.8厘米），此镜与之相比，虽尺寸有差，然总体风格甚是相近。似可认为，此镜问世年代亦在桓灵之际。

"三商"即为三金（铜、锡、铅），详见本书上册科技篇《汉镜铭文关于铜质与熔炼的探讨》。"四首（兽）"在此应为四灵，古人以龙、虎、凤、龟为动物之首，阴阳家则附会成天上四星宿。《礼记·曲礼上》："行前朱鸟而后玄武，左青龙而右白虎。"郑玄注："以此四兽为军阵，象天也。""衔持"可释相持、对持，《三国志·董昭传》："可使两贼相对衔持，坐待其弊。""维纲"即指纲纪、法度，汉桓宽《盐铁论·刺复》："夫维纲不张，礼义不行，公卿之忧也。""百精"喻义各种神灵，《隋书·音乐志上》："兴此和乐，感百精。"

图186 东汉中晚 吾作铭变形四叶兽首镜（32连弧）

直径：12.8厘米；重量：211克

铭文：吾作明竟（镜），幽涷三商，调（雕）刻无极，配像万疆，白（伯）牙陈乐，
　　　众神见容，天禽四首，衔持维刚（纲），百精并存，福禄是从，
　　　子孙番（蕃）昌，师命长。大吉羊（详），乐未央，宜侯王，□□□。

书体：汉碑隶书

资料：《汉铭斋藏镜》图118

图187　东汉中晚　张氏元公铭环状乳神兽镜（一）

半圆方枚神兽镜的问世时间，由图175可知，早在东汉早中之际的元兴元年（105年）就已出现；由图200可知，晚至三国吴末年的天纪三年（279年）仍继续流行。故此类镜的"寿命"有可能长达两个世纪。方枚铭文第三句有多种表现形式，最多见为"配像万疆"，还见"雕刻万方"（浙江绍兴出土）、"周刻万疆"（五岛美术馆藏）等。

此镜与图179、图183皆为每个方枚列四字的高档镜类。比较而言，此镜直径最小，铭文字数却最多，方枚字数4×12=48，周铭字数62，共有110个文字。每个方枚列四字镜类的问世时间（永康元年、中平四年等），皆在东汉晚期。我们可以从本书的这些纪年镜及其同类镜中，找到半圆方枚镜的发展轨迹。

图187 东汉中晚 张氏元公铭环状乳神兽镜(一)

直径:12.8厘米;重量:314克

铭文:方枚:吾作明镜,幽涑三商。刻镂万疆,伯牙举乐。众神见容,百精并存。
福禄自从,左龙右虎。主祥避凶,永保永昌,其师命长,大吉百羊。

周圈:惟此明镜,焕并照明。本出吴郡,张氏元公。百涑千辟,分别文(章)。
对距相向,朱鸟凤皇。天神集会,祐父宜兄。男则封侯,女即侍王。
久服长饰,位至三公。曾(增)年益寿,其(师)命长。

书体:汉隶

资料:陈学斌先生

图188 东汉中晚 张氏元公铭环状乳神兽镜（二）

此镜在12方枚中排布着记录工匠姓名与铸造地点的十二字铭文，当属罕见。张氏元公系东汉著名工匠，署其名者有近两位数的存世器物。京都大学冈村秀典《后汉镜铭集释》有详尽研讨，于此不复赘述。

铭文中有三字反书，其一，"张"字系前后反书，较为明显；其二，"穀（谷）"字亦前后反书，"穀"通假"㝅"，喻义哺乳。《说文》："㝅，乳也。"段玉裁注："此乳者，谓既生而乳哺之也。"其三，"出"字为上下反书。按铭文之意，此镜作者应是从小就在张氏元公手下成长的高徒。从铸造工艺来看，此镜属一流水平，可谓"名师出高徒"也。

《练形神冶　莹质良工——上海博物馆藏铜镜精品》图54为"永康元年（167年）神人神兽画像镜"（直径16.3厘米），此镜与彼相比在总体上最是相近，可知此类镜的问世年代主要在东汉桓灵之际（147—189年）。"永康元年"镜释读详尽，可参。

图188 东汉中晚 张氏元公铭环状乳神兽镜（二）

直径：11.9厘米；重量：267克

铭文：张氏元公，縠吾作镜，出自吴郡。

书体：汉隶

资料：《汉铭斋藏镜》图119

图189　东汉中晚　张氏元公铭三段式神兽镜

此镜铭文同时标注了铸镜地点及工匠名称。吴郡郡治乃吴县，即今江苏省苏州市。秦始皇始置会稽郡，治所在吴县。后以会稽郡北部之地置吴郡，仍治吴县。汉武帝以后废吴郡，其地复归会稽郡。东汉顺帝永建四年（129年）又以会稽郡北部之地置吴郡，以吴县为郡治。《考古》杂志1958年11月发表的王仲殊《从铭文看三国时代吴的铜镜产地》一文认为，吴郡的吴县始终是长江下游江南地区的一个铜镜铸造业中心。从东汉铜镜的纪铭来看，吴郡的匠人有柏氏、周仲、周是（即周氏）、张元等人，此镜即张元铸造。

张氏元公是东汉中晚期的著名工匠，本书有幸集聚其镜三枚，皆似属初次面世之器物。此镜与图187的铭文较相近，其间，"分别文章，对距相卿""天神集会，裕父宜兄"等内容均属少见。

图189 东汉中晚 张氏元公铭三段式神兽镜

直径：10.4厘米；重量：155克

铭文：方格：吾作明镜，幽湅三商，其师命长。

周圈：惟此明镜，焕并照（明），本出吴郡，张氏元公，百湅千辟，分别文章，左龙右虎，降福除殃，对距相向，朱鸟凤皇，男则封侯，女须侍王，天神集会，祐父宜兄，久服长饰，位三公。

书体：汉隶

资料：庄静芬女士

图190　东汉中晚　周仲铭神人车马画像镜

车马画像镜是东汉画像镜的一个主要品种,普遍地受到人们重视与喜爱。王牧《浙江出土铜镜》(修订本)即收录了11面(彩版12~18,图版22~24)出土品,其中有周铭者7面;梅原末治《绍兴古镜聚英》也收录了18面(图版7~22,23×2)传世品,其中有周铭者6面。在这29面车马画像镜中,共有周铭者13面,其首字皆为铸制者姓名。此镜硕大厚重,图文并茂,可谓"养在深闺人未识",其纹饰与铭文反映了诸多文化信息。

1."盛如长安南"映照的梦想与现实。长安南郊规划在新莽时期虽没成为现实,然在150年后的东汉桓、灵之际,却是出现了盛况,此铭"盛如长安南"当可证史。

2."贤如鲁孔子"折射的名声与内涵。"贤如鲁孔子"与"圣人鲁孔子"的内涵相同,从中可管窥汉人的尊孔尊儒世俗风气。

3.儒道同器呈现的差异与共荣。五千年的中华文明史,多有战争与和平,常见分裂与统一,然上规模的宗教战争却从未发生。应该承认,这是中华民族立于世界民族之林的一个突出优点。

4.名匠佳镜镌刻的前世与今生。周仲(周氏、周是)应为东汉桓、灵年代的著名工匠,其产品有器形硕大、手感厚重、版模精湛、文化突出等特点。此镜的图案设计,不仅气势磅礴、蔚为壮观,而且惟妙惟肖,独具匠心。

5.羽人骑马寄托的理想与象征。此镜共有22匹"羽人骑马"展现给世人,似有万马奔腾之感。古代西域出日行千里之汗血宝马,后多指骏马,在汉代象征着地位,是帝王与权贵追求的宝物。

详见本书上册专题篇《一面图文并茂的东汉画像镜——镜铭"盛如长安南,贤如鲁孔子"传递的文化信息》。

图190 东汉中晚 周仲铭神人车马画像镜

直径：22.0厘米；重量：1388克

铭文：周仲作竟四夷服，多贺国家人民息，胡虏殄灭天下复，风雨时节五谷孰（熟），
　　　长保二亲得天力，传告后世乐无极。盛如长安南，贤如鲁孔子。

书体：汉隶

资料：浙江藏家

图191 东汉(205) 建安十年铭重列式神兽镜

建安铭纪年镜存世较多,按年号看,有元年(196年)、四年(199年)、五年(200年)、六年(201年)、七年(202年)、八年(203年)、九年(204年)、十年(205年)、十九年(214年)、二十年(215年)、二十一年(216年)、二十二年(217年)、二十四年(219年)、二十六年(221年)等。其中,以建安十年镜之存世量最大,且以重列式神兽镜为主。

镜铭中"皇帝除凶"出典见《史记·五帝本纪》:"蚩尤作乱,不用帝命,于是黄帝乃征师诸侯,与诸侯战于涿鹿之野,遂擒杀蚩尤。"

长期以来,人们都认为硕大之扁钮问世三国,流行于西晋。此镜的出现无疑,将改变这种观点,即早在建安中期就有硕大扁钮问世。此镜钮径为4.9厘米,正好是镜径14.7厘米的三分之一。

图191　东汉（205）　建安十年铭重列式神兽镜

直径：14.7厘米

铭文：建安十年造，吾作明竟，幽湅宫商，周罗客象，五帝天皇，白牙单（弹）琴，黄帝除凶，朱鸟玄武，白虎青龙，服者豪贵，延寿益年，子孙番（昌）。

书体：汉隶

资料：浙江省绍兴市博物馆

图192　东汉三国　神鱼仙人赤松子铭变形四叶对凤镜

与同类镜比较，此镜尺寸硕大，首字难以判读。唯此镜末句有"寿而东王父西王母"。第二、三、四、五四句完全相同，这里从第六句开始比较：

序	镜例比较	第六句	第七句
1	《汉铭斋藏镜》图120	（缺句）	作吏高迁车生二耳
2	《尊古斋古镜集景》图59	使姑章利父母	为吏高迁车生二耳
3	《泉屋博古·镜鉴篇》图56	使姑章利父母	为吏高迁
4	此镜	（缺句）	作吏高迁车生耳

表中序一、序二与序四镜主纹为"对鸟"，序三镜主纹是"兽首"。在变形四叶内另有铭文，序一、序二与序四镜皆为"君宜高官"，序三镜是"君宜、高官、位至三、大吉利"。此类镜铭文书体之线条较粗，如同今日之"黑体"。序一、序三镜边缘图案大同小异，皆有神鱼、九尾狐、羽人戏龙等。

铭文"八爵相向"，乃古代舆服规定，当是一种头饰。《晋书·舆服志》："簪珥。步摇以黄金为山题，贯白珠为支相缪。八爵九华。"规定了"皇后谒庙"头上必须插戴的饰品，"以为永制"。而据此镜铭，可知并非仅承继于汉代，当已相当久远，因为自东汉已始"法古"成为制度。"八爵"通"八雀"。《宋书·礼制》："皇后谒庙，服绀上皂下。步摇八雀九华，加以翡翠。"由此可知，皇后头上佩饰的步摇作八雀九花状，极华贵漂亮。铭文中之"车生耳"（即"车生二耳"），谓官高则车设屏蔽。《太平御览》卷四九六引汉应劭《汉官仪》："俚语：'仕宦不止车生耳。'"汉扬雄《太玄·积》："君子积善，至于车耳。"

图192 东汉三国 神鱼仙人赤松子铭变形四叶对凤镜

直径：21.1厘米；重量：719克

铭文：□氏作，自有纪，青龙白虎居左右，神鱼仙人赤松子，八爵（雀）相向法古始，
令以长命宜孙子，作吏高迁车生耳，寿而（如）东王父西王母。

书体：粗笔汉隶

资料：孙小龙先生

图193 东汉三国 吾作铭三段式神仙镜

此镜纹饰上段"华盖",其下之人物应为"九子母"与"九子",华盖杠柱下部当为"灵鳌",意同背负蓬莱仙山之"巨鳌"。《尸子》卷下:"舜一徙成邑,再徙成都,三徙成国,尧问其贤……妻之以媓媵以娥,九子事之而讬天下焉。"《楚辞·天问》:"女岐无合,夫焉取九子?"王逸注:"女岐,神女;无夫而生九子。"此镜中段左侧图案,弹琴者应为伯牙,聆听者当是子期;中段右侧图案,学界认为是东王公、西王母。

关于伯牙的传说,始见于《荀子·劝学篇》:"昔者瓠巴鼓瑟而沉鱼出听,伯牙鼓琴而六马仰秣。"语颇夸张,极言其演奏琴音之美妙动听。而在《吕氏春秋》与《列子》中,便有了伯牙弹琴,锺子期心领神会高山流水之音的记载。后锺子期亡故,伯牙痛失知音,遂从此不复操琴。这一感人的历史故事流传千古,除典籍记载外,镜铭与镜纹竟也是其传颂不衰的另一载体。详见本书上册专题篇《从东汉伯牙镜看汉代礼乐文化》。

此镜铭文书体甚为奇特,多数字在汉隶上加以"悬针",展现了一种特别的韵味,其中尤以"成"字为佳,秀美灵动,俊逸飘洒。

图193 东汉三国 吾作铭三段式神仙镜

直径：16.0厘米；重量：488克

铭文：吾作明竟，幽涑金冈，巧工造作成文章，多贺国家人民蕃息，
胡虏殄灭天下复，风雨时节五谷孰（熟），传后世乐毋极。

书体：悬针汉隶

资料：《汉铭斋藏镜》图122

图194　东汉三国　仓颉作书铭三段式神仙镜

　　此类镜不乏重要的出土资料：湖北省钟祥市胡集东汉墓出土一镜，其铭曰："黄盖作竟甚有畏，国寿无亟下利二亲。尧赐女为帝君，一母妇坐子九人。翠盖覆贵敬坐庐，东王公西王母，哀万民兮。"四川省绵阳市何家山一号墓出土一镜，其铭云："余造明镜，九子作容，翠羽祕盖，灵鹅台杠，调刻神圣，西母东王。尧帝赐舜二女，天下泰平，风雨时节，五谷熟成，其师命长。"

　　此类镜一般出土在汉中及其周边地区，三段式的图案大同小异。罗振玉《古镜图录》《故宫藏镜》《上海博物馆藏铜镜精品》等皆有收录。西安市文物保护考古所《铜镜》一书之图61载有1973年6月西安市未央区所出土的一镜，直径16.6厘米，构图、铭文与此镜基本相同。

　　仓颉是古代传说中的汉字创造者。《史记》据《世本》以为其人是黄帝时的史官。《荀子·解蔽篇》："好书者众矣，而仓颉独传者一也。"汉许慎《说文解字·序》："黄帝之史仓颉，见鸟兽蹄迒之迹，知分理之可相别异也，初造书契。"详见本书上册文字篇《东汉镜铭"仓颉作书"镜传递的文化信息》。

图194　东汉三国　仓颉作书铭三段式神仙镜

直径：16.7厘米；重量：660克

铭文：余造明□（镜），□□（三王）作容，翠羽秘盖，灵孺台杠，仓颉作书，以教后生，遂（燧）人造火，五味。

书体：汉隶

资料：庄静芬女士

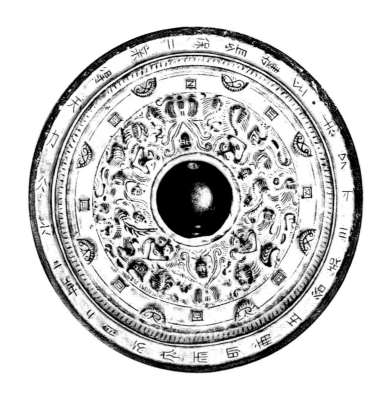

图195　三国吴（252）　太元二年铭对置式神兽镜

经李学勤先生指点，此纪年铭为三国吴大帝孙权驾崩当年之年号"太元"。

迄今所知，此镜年号为目前之仅见者。"太元"年号在历史上有三个，依据形制规格、版模特征、构图类型，可知此镜并非十六国前凉张骏或东晋孝武帝司马曜之"太元"。《三国志·吴书》载："（赤乌十四年）太元元年夏五月，立皇后潘氏，大赦，改年。""（太元二年）二月，大赦，改元为神凤。""太元元年夏……明年四月，权薨，太子即尊号，大赦，改元。是岁，于魏嘉平四年也。"将此三段史料连贯起来，即赤乌十四年（251年）五月改元太元元年——（经九个月）至太元二年（252年）二月改元神凤——（经两个月）孙权驾崩，孙亮即位，改元建兴。

孙权在位31年。经统计，从黄武元年（222年）至赤乌九年（246年）的25年中，计16个年份有纪年铭铜镜存世，大多是连年或隔年就有。从赤乌十年（247年）至孙权驾崩的六年中，过去从未见存世器物。这面太元二年铭纪年镜的出现，为孙权在位年号的纪年镜填补了四项空白：其一，孙权在位最后六年之空白；其二，"太元"年号之空白；其三，虽太元二年二月一共不足三十天，然此镜铭保存了这段既短暂又宝贵的历史记录。

详见本书上册专题篇《三国吴太元二年铭纪年镜释考》。

图195 三国吴（252） 太元二年铭对置式神兽镜

直径：14.9厘米；重量：461克

铭文：太元二年二月□，风雨时节五谷孰（熟），三上公□□多寿，长保二亲得天力。

书体：工匠手书

资料：《汉铭斋藏镜》图123

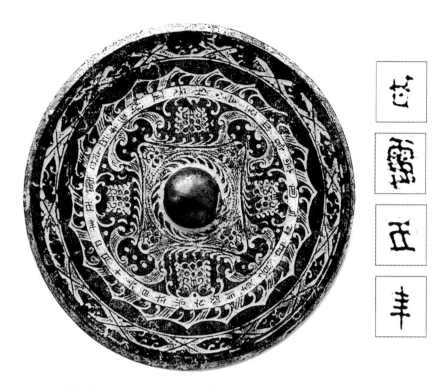

图196 三国魏（260） 甘露五年铭变形四叶兽首镜

甘露五年是三国魏高贵乡公曹髦即位的第七年，即公元260年。

日本东京五岛美术馆《前汉至元时代的纪年镜》图9、图10为一对同模变形四叶兽首镜，分别由东京书道博物馆（直径16.6厘米，重350克）与兵库黑川古文化研究所（直径16.6厘米，重402克）收藏，其铭："甘露五年二月四日，右尚方师作竟清且明，君宜高官，位至三公，保宜子孙。"比较可知：其一，三镜直径一致，纹饰几乎相同，而此镜最重；其二，年号相同皆在公元260年，月份与日期不同；其三，日本两镜系"右尚方师"，此镜为"左尚方师"；其四，日本两镜系"保宜子孙"，此镜为"利子宜孙"；其五，此镜末句比日本两镜多了"延年益寿"四字；其六，连弧数字不同，日本两镜为21，此镜为19。

南阳市文物考古研究所《南阳出土铜镜》图248为延熹十年铭变形四叶兽首镜，其铭末句作："子孙千人出南阳兮。"由此可见，东汉时期变形四叶兽首镜的铸造地点，除了"广汉西蜀"外，还有河南南阳。此镜水银沁包浆突出，正面光亮处仍可照容，背面的平整处能见凹凸起伏，与"广汉"镜相比，在细部上多有差异，然是否属"南阳"镜，待考。

《三国志》卷四："（甘露）五年春正月朔，日有蚀之。夏四月，诏有司率遵前命，复进大将军司马文王（即司马昭）位为相国，封晋公，加九锡。"晋朝之晋由此始。魏帝高贵乡公曹髦在此铭之年月留下千古名言："司马昭之心，路人所知也。"

此镜上距延熹三年（公元160年）已是100年整。在这百年上下的时间里，铜镜照容面（即正面）多有使人脸缩小的高凸现象。使用专用工具，实测高凸照容面之凸起高度，再经计算，可知此镜照容面之曲率半径为69.2厘米，恰是汉尺3尺（69.3厘米）。比对图177、184、196三镜，能发现东汉三国之际，变形四叶兽首镜照容面曲率半径皆为汉尺3尺的"约定成俗"。详见本书上册《东汉三国高凸镜面曲率半径研究》。

图196 三国魏（260） 甘露五年铭变形四叶兽首镜

直径：16.6厘米；重量：467克

铭文：甘露五年四月十六日，左尚方师作竟青且明，君宜高官，
　　　位至三公，利子宜孙，延年益寿。

书体：汉隶

资料：《汉铭斋藏镜》图124

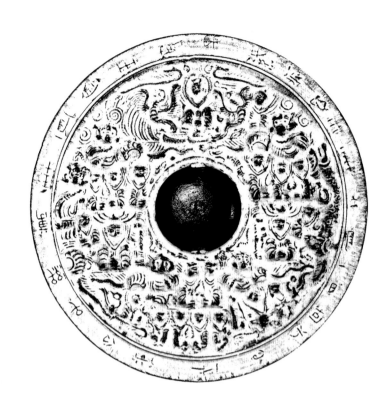

图197　三国吴（260）　永安三年铭重列式神兽镜

　　永安三年是三国吴景帝孙休在位的第三年，即公元260年。

　　三国吴永安三年与三国魏甘露五年同在公元260年。换句话说，此镜与本书图196镜当在同一年问世。可见，同时代南方的吴国与北方的魏国分别铸造了不同类型、异样风情的铜镜。此镜主纹五兽四禽二十四神人。其神人数量在同类镜中应属最多之列，日本东京五岛美术馆所藏永安四年铭重列式神兽镜一枚，其神人数仅为17。此镜最下一排神人之左侧一人似吹竽，同排自左而右，第五人似吹管，第六人似鼓瑟。

　　按常规理解，道家神人两侧皆有羽肢裹身或是光芒围护，喻义着神人的升天能力；释家佛陀（或菩萨）头上有项光围护，喻义着佛陀的法力无边。此镜最上一排正中神人是南极长生大帝（即玉清真主，左右两侧各有朱鸟护侍），显示其飞天功力的羽肢或光芒从两侧向头顶围拢，几乎成了佛家的项光。两汉之际，佛教初传中土。汉地人士对佛教义理少有明白，多将佛陀与老庄视为一类。汤用彤《汉魏两晋南北朝佛教史》一书，对此有详尽论述。

　　存世另见永安二年（《止水阁藏镜》图99）铭、永安六年铭（江苏采陶斋）等对置式神兽镜。

图197　三国吴（260）　永安三年铭重列式神兽镜

直径：14.3厘米；重量：385克

铭文：永安三年六月一日造兮，位至三公，子孙万年，宜侯王，□□□。

书体：工匠手书（较差）

资料：《汉铭斋藏镜》图125

图198　三国吴　公卿宜王铭对凤佛像镜

此类镜的称谓较多，如对凤镜、对鸟镜、夔凤镜等。凡有佛像者当称佛像镜，其形制大致可分三类：第一类，十六连弧纹即为边缘，除此镜外，美国哈佛大学福格博物馆与美国波士顿美术馆各藏一面，此三面似为同模。第二类，十六连弧纹外有宽素缘，此为佛像镜之大类，占总数之大半。第三类，十六连弧纹外还有龙、凤、禽、兽纹缘，迄今只见三面，即本书图199镜与《鄂州铜镜》图175、《古镜今照》图155。

此镜主纹仅有一组三像之佛像，中间一尊为莲座上的坐佛，头上有项光；两侧的两尊头上亦有项光，可称胁侍菩萨（或谓弟子）。镜缘由一周十六连弧纹组成的纹缘带，其中两个弧形内各有一像，头上有项光，从其姿态来看，应为飞天。以下方正中为界，右侧第一弧内之飞天，其头顶向边缘；左侧第五弧之飞天，其头顶向镜心；两飞天呈一正一反之布局。其余14连弧内有形态各异的龙、凤、禽、兽，特别是右侧第二弧内为三足乌，应是象征太阳的"金乌"；左侧第六弧内似为人头鸟身之迦陵频伽，有待细考。

在存世的十余面三国吴佛像镜中，只发现第一类有"公卿宜王"的铭文、第三类有"佛"字的铭文（见图199）。"公卿"或称三公九卿，或泛称高官。《论语·子罕》："出则事公卿，入则事父兄。"《后汉书·陈宠传》："及大将军窦宪征匈奴，以卿以下及郡国无不遣吏子弟奉献遗者。"汉荀悦《汉纪·昭帝纪》："始元元年，春二月，黄鹄下建章宫太液池中，公卿上寿。"

图198 三国吴 公卿宜王铭对凤佛像镜

直径:14.2厘米;重量:360克
铭文:公卿宜王。
书体:汉隶
资料:《汉铭斋藏镜》图126

图199　三国吴　"佛"字铭对凤佛像镜

　　三国吴与三国魏佛像镜的总存世量应在二十面上下。迄今所知，出土品共七面，其出土地分别是湖北鄂城五里墩、浙江武义桐琴、江苏南京西善桥、浙江省博物馆藏（传杭州出土）、湖南长沙左家塘、浙江金华古方、江西南昌东湖。国外收藏传世品四面，其所在地分别是德国柏林国立博物馆、美国哈佛大学福格博物馆、日本东京国立博物馆、美国波士顿美术馆，国内收藏传世品似不超过九面。

　　此镜佛像上部有"佛"字。"佛"字的问世年代值得研讨。《后汉书》系南朝宋范晔撰、唐李贤等注，书中应曰"佛"字之处，其语皆称"浮屠"。《后汉书·西域传·天竺》："其人弱于月氏，修浮屠道，不杀伐，遂以成俗。"李贤注："浮屠，即佛也。"《魏书·释老志》："及开西域，遣张骞使大夏还，传其旁有身毒国，一名天竺，始闻浮屠之教。"晋袁宏《后汉纪·明帝纪上》："浮屠者，佛也。西域天竺有佛道焉。佛者，汉言觉。将悟群生也。"由此可知，"佛"字的问世很可能就在东汉三国之际。此镜年代为三国吴，故其镜铭"佛"字，当属最早问世的器物之一。详见本书上册哲学篇《三国吴佛字铭佛像镜研究》。

图199 三国吴 "佛"字铭对凤佛像镜

直径：18.8厘米；残重：431克

镜铭：佛□□王。

书体：汉隶

资料：《汉铭斋藏镜》图127

图200　三国吴（279）　天纪三年铭对置式神兽镜

天纪三年是三国吴末帝孙皓在位的第十六年，即公元279年。

三国吴末帝孙皓在位16年（264—280年），历八个年号，天纪是最后一个年号。天纪四年（280年），三国吴被晋武帝司马炎所灭。从完整的年号来看，天纪三年（279年）才是三国末年即中国从汉末以来的分裂由此画上了句号。从太康元年即天纪四年始，中国再次走向统一。

统计可知，此类镜所等分的半圆方枚数字，最多者16个，最少者6个。存世多见12个，也见有8个、9个、10个、13个、14个不等。此镜等分数为15个，应在少见之列。汉代工匠对数字等分，有着丰富的知识和精到的技艺。

在梅原末治《汉三国六朝纪年镜图说》一书中，有"天纪元年"镜三面、"天纪二年"镜一面，"天纪四年"镜一面，唯缺"天纪三年"。在日本五岛美术馆《前汉至元时代的纪年镜》一书中，有"天纪二年"镜与"太康元年"（即天纪四年）镜各一面，亦无"天纪三年"镜。此镜之问世可谓填补三国吴最后一个完整年号"天纪"之空缺，其历史和文化价值不言自明。

图200 三国吴(279) 天纪三年铭对置式神兽镜

直径:14.0厘米;重量:494克
铭文:天纪三年王氏作,延年益寿,宜子宜孙。
书体:汉隶
资料:《汉铭斋藏镜》图128

特3 西晋（282） 太康三年铭对置式神兽镜

此镜（甲）与东京五岛美术馆《前汉至元时代的纪年镜》图64（乙）相比，两镜似同一作坊所作，其形制、铜质、书体等皆一致，余者均大同小异。详见下表。

镜名	直径（厘米）	重量（克）	铭文字数	铭文主要差异
甲	16.7	557	42	甲镜第四句少了"家"字，第六句"风"字可见，解决了乙镜此字缺失之惑；甲镜末句以"兮"字替代了乙镜之"太平长乐"
乙	17.3	663	46	

太康铭纪年镜有十余面的存世量，国内见于《浙江出土铜镜》（修订本）图81，国外多见于梅原末治《汉三国六朝纪年镜》、樋口隆康《古镜·图录》、东京五岛美术馆《前汉至元时代的纪年镜》等书。在这些存世器物的年份中，包括了太康元年、二年、三年、四年等四个年份。为何太康五年至太康十年的六个年份不见存世器物？有待继续发现。

特3　西晋（282）　太康三年铭对置式神兽镜

直径：16.7厘米；重量：557克

铭文：太康三年岁壬寅二月廿日，吾作竟，幽涷三商四夷服，

　　　多贺国（缺"家"字）人民息，胡虏殄灭天下复，雨风时节五谷孰（熟）兮。

书体：工匠手书

资料：《汉铭斋藏镜》特3

特4　北魏（518、519、520）　神龟铭八乳神兽镜（汉镜遗韵）

神龟年号是北魏孝明帝元诩在位的第三、四、五年。

此镜（甲）与梁上椿《岩窟藏镜》第二集中第97图（乙）相比，形制、铜质、书体等相近。除了铭文前半段与边缘纹饰有较大差异外，余者皆大同小异，详见下表。

镜名	年号读法	直径（厘米）	重量（克）	首句铭文	末句铭文	边缘
甲	神左龟右	18.8	945	景公之象兮吴娃之兑	保皇天	花边缘
乙	神右龟左	19.1	1050	山湅神石取其清	常保皇	宽素缘

梁上椿对乙镜释考如下："神龟为南北朝北魏孝明帝年号，凡二年，当南朝梁武帝天监十七、十八年，即西历五一八、五一九年。此镜虽只铭神龟而无元年或二年，然为两年间之作则无疑义。其内区纹之禽兽带作风柔软纤细，与东汉禽兽带之刚劲奔放迥然不同。外铭带字体虽力摹汉隶而字中亦有流露六朝体之处，似与汉体有别。此类龟钮在唐镜中每有发现，此镜铜质亦与唐镜近似。其神龟二字列于龟式钮座之两胁，意含双关，颇饶兴味。龟字字体与汉校官碑中之龟字取义相同，均右为背而左四足。神龟年号虽见于造像而发现于古镜则以此镜为嚆矢。古镜中南北朝之年号本极罕见，北魏作更未之前闻，稀世之珍品也。"首句铭文释读参见图136。

这里补充一个细节，此镜外侧之芒纹系由内而外呈斜坡升高的立体状，此乃东汉镜例所少见者。此镜若确实为北魏器物，则距东汉已有三百年之久，当可谓汉镜遗韵也。

特4　北魏（518、519、520）　神龟铭八乳神兽镜（汉镜遗韵）

直径：18.8厘米；重量：945克

铭文：景公之象兮吴娃之兑（悦），作睐明镜兮象似日月，长思兮世不绝。

　　　见朱颜兮先（西）王母，永益寿兮宜孙子，保皇天。（钮座处：神龟）

书体：精美魏碑

资料：《汉铭斋藏镜》特4

鸣　谢

　　本课题是一个两校同心、两岸携手、中日合作的项目，酝酿于清华大学百年校庆期间2011年4月18日的学术研讨会；经由14个月的反复讨论与磋商，2012年6月在清华大学召开了课题启动会；又通过14个月的不懈努力与协调，2013年8月中旬终于完成了上册研究部分和下册图录部分的全部书稿，并送交北京大学出版社正式出版。

　　在此期间，本课题得到了各方面的支持与推动，特一并致谢：

　　1. 本课题自始至终得到陈吉宁、陈旭、贺美英、庄丽君、王进展等校领导的悉心关怀。

　　2. 本课题得到校文科处的课题下达以及清华大学教育基金会与台湾东铁公司关系企业的大力支持。

　　3. 承金德年、周凤五两位教授的题词。

　　4. 蒙辛冠洁、李学勤、傅举有三位先生题序。

　　5. 本课题得到赵平安、刘国忠、岳洪彬、蒋宏杰等校内外专家的多项帮助。

　　6. 本课题得到周浩、翟羽蓝、解红岩、任茜、池净、王健、方晓、黄丽容、向井佑介、岸本泰绪子、林以彬、黄洪彬、桑国民、毛军亮、缪艳、魏秀英等各界朋友的积极相助。

　　7. 本课题得到北京大学出版社的大力支持。

汉镜文化研究课题组
2013年8月18日